翻倍吧，股票

半小时股票投资课

常江◎著

人民日报出版社
北京

图书在版编目（CIP）数据

翻倍吧，股票：半小时股票投资课 / 常江著. —北京：人民日报出版社，2022.6

ISBN 978-7-5115-7364-3

Ⅰ.①翻… Ⅱ.①常… Ⅲ.①股票投资－基本知识－中国 Ⅳ.①F832.51

中国版本图书馆CIP数据核字（2022）第081742号

书　　名：翻倍吧，股票：半小时股票投资课
　　　　　FANBEI BA, GUPIAO: BANXIAOSHI GUPIAO TOUZI KE
著　　者：常　江

出 版 人：刘华新
责任编辑：王慧蓉

出版发行：人民日报出版社
社　　址：北京金台西路2号
邮政编码：100733
发行热线：（010）65369527　65369846　65369509　65369510
邮购热线：（010）65369530　65363527
编辑热线：（010）65369844
网　　址：www.peopledailypress.com
经　　销：新华书店
印　　刷：北京中科印刷有限公司

开　　本：860mm×1140mm　1/32
字　　数：150千字
印　　张：5
版次印次：2022年6月第1版　2022年6月第1次印刷

书　　号：ISBN 978-7-5115-7364-3
定　　价：42.00元

前言
PREFACE

股市有风险，投资需谨慎。这话说起来容易，做起来不易。某著名投资人曾经在微博对友商喊话："生死看淡，不服就干。"这句话也成为很多投资人的交易格言，特别是对于一些遭遇股票套牢的散户朋友，面对经常亏损的账户，会像赌徒一样失去理性，甚至会卖车、卖房、信用卡透支也要补仓，真的是"把生死看淡"，赔光也要加仓到底。而这种失去理智的投资方式只会越陷越深，难以自拔。笔者认为，对股票投资更重要的是"盈亏看淡，趋势为王"，投资股票说白了就是判断趋势。

股票投资者可以分为三种人：第一种人为市场的先知先觉者。这种人在市场中凤毛麟角，他们每一次判断都会顺应甚至引领市场发展的方向，也是市场中号召力最强、盈利最多的人。第二种人是市场的后知后觉者。这种人虽然无法把握和影响市场的方向，但是在市场发生变化时，他们会较快认清市场发展的方向，然后及时调整投资策略。这种人虽然偶尔会吃点小亏，但最终还是能够确保盈利。第三种人是市场的不知不觉者。这种人一般盲目自信或者缺乏投资的基本认知，在市场发生变化时完全意识不到，甚至会做出对抗市场的操作，其结果必然是即使偶尔盈利，大部分时间都处于不断亏损中。第一种投资人属于万中无一的高手，第二种人属于百里挑一的高手，而绝大多数投资者都属于第三种人。

投资股票最终的盈亏都决定在“判断方向”这四个字上，每一笔交易决定了每一次投资是盈利还是亏损，而决定交易的决策过程就是“判断方向”的过程。笔者写这本书的目的就是让读者了解大盘和个股上涨与下跌的逻辑，帮助投资者能够在每次交易的决策过程中，尽可能运用相对理性和科学的方法提高“判断方向”的准确度。如果你交易 100 次，判断准确度达到 80% 以上，那么，你就可以在股市中轻松获利。

目录

CONTENTS

第一课

技术成长路线决定投资风格

杀猪时杀头杀腚各有各的杀法，黑猫白猫抓住老鼠就是好猫。1000个人投资股票就会有1000种方法，找到适合自己的方法，提高每一次交易的成功率，是需要不断摸索和总结提高的。

1993年，我开始进入中国证券市场，从刚开始炒新上市本地股到目前涉及A股、B股、H股、权证、原油期货、贵金属、外汇等，从单纯的财务分析到技术形态分析到基本面分析，走了很多弯路，甚至也坐过很多次过山车，最终通过实战形成了一套简单易学、综合全面的交易体系。

实战成果案例

2012 年 1 月 1 日，我单独开立了一个账户，投入资金 346317.94 元成立了一个人的投资基金，就是为了考验自己的投资能力。到 2022 年 1 月 28 日盈利 2081784.13 元，其间累计取出盈利资金 1586976 元。截至 2022 年 1 月，剩余金额 924573.40 元。

截至 2022 年 1 月，我投资收益率为 723.37%，而且是在本金一直减少的情况下完成的。10 年来平均年化收益率为 72.3%，同期上证指数从 2012 年年初的 2269 点

我券商交易软件投资账户真实数据截屏

至 2022 年 1 月末的 3361 点，指数收益是 48.1%。一路走来，市场的磨炼让我的技术路线越来越清晰。我的交易体系的形成大致可分为 5 个阶段。

2020 年我投资收益情况

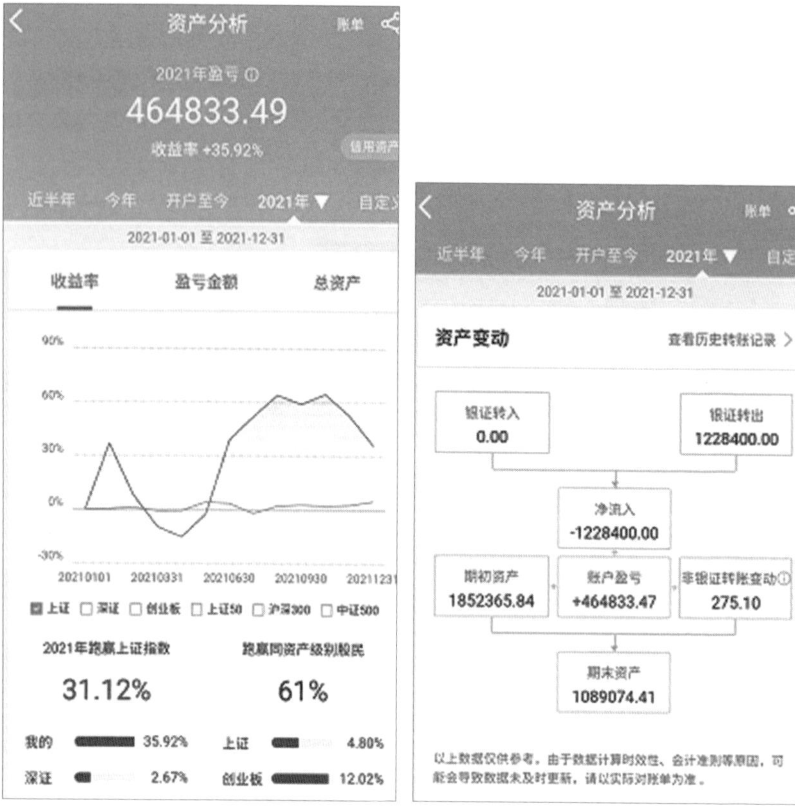

2021 年我投资收益情况

一、起步阶段：财务分析投资风格

由于我从事金融信贷行业，对企业财务报表比较敏感，因此对个股投资的重点是财务报表和盈利能力分析，通过财务分析确定上市公司股价的含金量，来决策是否进行投资。

缺点

财务报表反映的都是企业过去的经营情况，对当下市场的动态变化估计不足，导致股价早已包含了当期经营成果，一些上市公司年报利好公布，往往成为配合机构出货的最好时机。而年报差不一定股价就会马上下跌，所以财务报表好坏与股价涨跌的关联度并不高。

案例

ST国药2020年报扭亏为盈每股收益0.02元，2021年一季报亏损每股收益-0.09元。如果单从财务分析来看，2021年4月公布季报后，股价应该下跌，但该股从年初的12.57元一路上涨至公布年报和季报的4月29日的16.22元，这段涨幅主力已经提前透支了上市公司扭亏为盈的利好。公布年报和季报后主力边拉边出货，股价上涨至6月3日的21.66元，随后股价一路下跌。所以单从看财务报表来衡量股价高低存在较大的风险。财务报表公布的滞后性会让投资者后知后觉于主力，导致误判，产生投资损失。

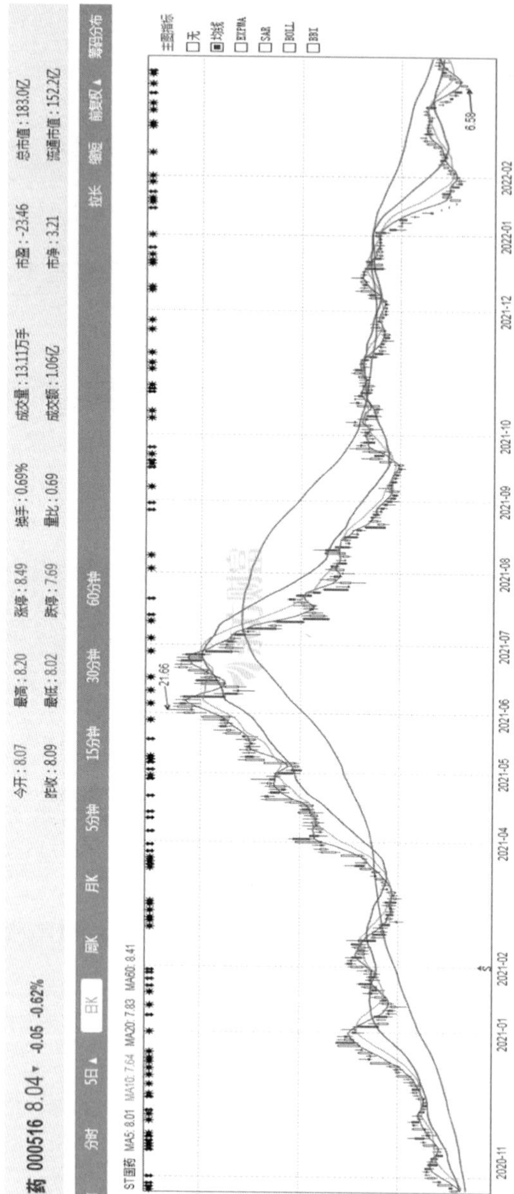

ST 国药 2020 年 11 月至 2022 年 2 月日 K 线

二、成长阶段：巴菲特投资风格

我对巴菲特的长期价值投资观点非常看好，也认为好的公司只要长期持有就能得到高额回报。因为上市公司一直经营良好的话，分红产生复利效益，利滚利可以让投资回报越来越高。

缺点

长期持有的股票经常会遇到大势的牛熊转换，在经济高增长期，企业经营变化很难跟上科技信息时代的市场变化，只有极少数的企业能够成长为引领市场潮流的龙头企业，而大部分企业并不具备长期投资价值。即便选对了具备长期投资价值的股票，也会因为市场原因出现股价大幅调整从而导致收益率快速缩水的情况。这种较为死板的长期投资策略可能会错过一些因价格波动而产生的投资机会。

案例

巴菲特投资比亚迪也坐过过山车。股神巴菲特目前持有的唯一一只中国股票比亚迪，长期投资策略给他带来20多倍的收益，但是他也曾经历过比亚迪过山车式的股价大幅波动，导致收益缩水。2021年2月，比亚迪股价最高到达273元，短短3个月时间下跌至140.8元，跌幅近一半。20倍收益一下缩水至10倍。如果能够在高点卖出，低点再接回，收益有望变成40倍。可以看出，长期投资会忽略市场中一些投资机会（见下页图）。

三、成熟阶段：技术分析风格

技术分析是一种非常理想化和追求利润最大化的投资方式，通过研究股票的K线走势、成交量变化，研判个股的价格变化趋势。这种方法能够让交易变得更加高频，去主动追求更高额的利润。

缺点

技术分析非常注重股票的历史交易数据，高抛低吸是其理想化的操作，市场在变化，不可能总是重复历史数据，所以技术分析方法经常会陷入K线陷阱。

案例

拿比亚迪这只股票来看，如果我们能够通过技术分

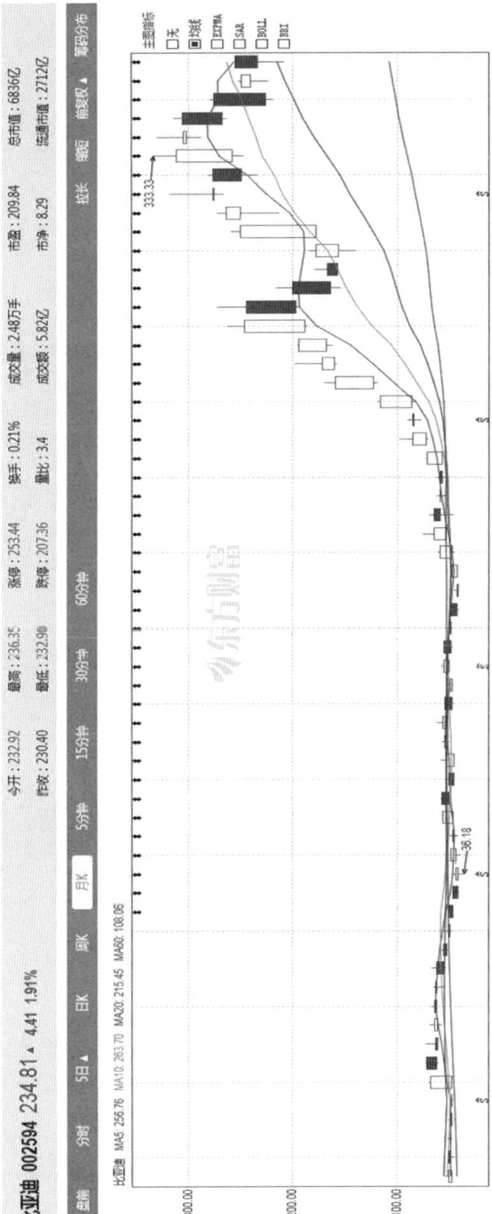

比亚迪 2017 年 5 月至 2022 年 1 月月 K 线

析，在其股价周线见顶时卖出，周线见底时买入。通过主动调整仓位来实现超额利润，理论上我们能够实现比巴菲特同时更高的投资收益率（见下页图）。

四、小成阶段：基本面分析法

在注重个股财务分析、技术指标分析的同时，时刻关注市场基本面的变化，主要包括国际形势、大宗商品价格、CPI[①]、PPI[②]、货币供应量等，通过分析宏观经济数据变化来做市场的波段行情。

缺点

基本面包含的内容过于复杂，同一条消息会有不同的解读方向，对投资者的知识储备和盘面敏感度要求很高，可能耗费了很多精力，仍然找不到直接影响市场变

① 居民消费价格指数，是一个反映居民家庭一般所购买的消费品和服务项目价格水平变动情况的宏观经济指标。它是在特定时段内度量一组代表性消费商品及服务项目的价格水平随时间而变动的相对数。

② 生产价格指数，是衡量工业企业产品出厂价格变动趋势和变动程度的指数，是反映某一时期生产领域价格变动情况的重要经济指标，也是制定有关经济政策和国民经济核算的重要依据。

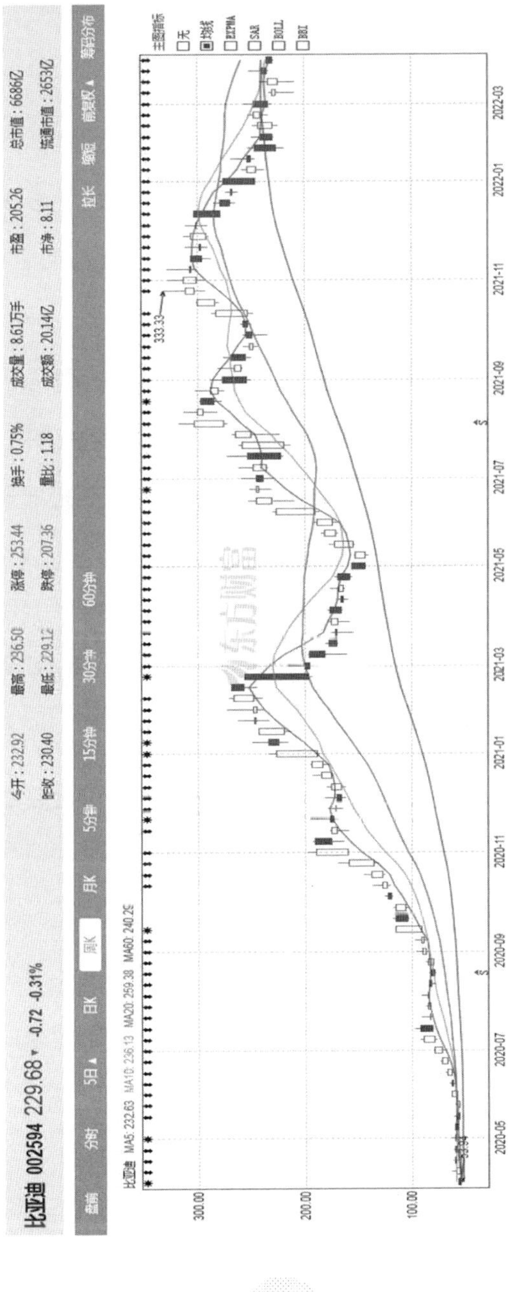

比亚迪 2020 年 5 月至 2022 年 3 月周 K 线

化的关键点。

案例

基本面分析最关键的一点就是货币供应量与股市股票市值的关系，当货币供应量远远大于股票总市值时，市场不缺钱就会产生更大的上升空间。反之，如果货币供应量吃紧，而股市市场增长市值已经远远超过新增货币供应量时，市场下跌的可能性就很大。2019 年 1 月 31 日，上证指数达到近 3 年的最低点 2440 点，两市总市值 44.8 万亿元（2021 年年末两市总市值 91.6 万亿元），而货币供应量中流通性很好的 M1 高达 54.5 万亿元（2021 年年末货币供应量中 M1 是 64.7 万亿元），由于市场不缺钱，这造就了 2019 年以来的一波上涨行情。在大盘整体上涨过程中，个股上涨得比较容易，投资收益率自然水涨船高（见下页图）。

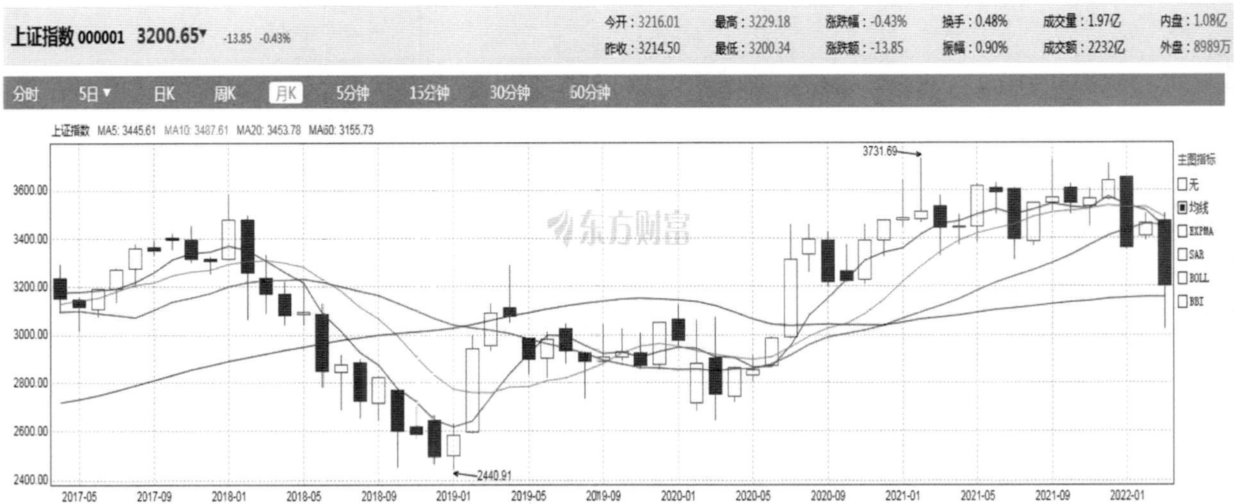

上证指数 2017 年 5 月至 2022 年 1 月月 K 线

五、高收益阶段："割韭菜"投资股票法[①]

从多年对中国资本市场的认知入手，综合以上几个阶段的成长经历，我将投资股票的盈利模式通过抽丝剥茧、化繁为简的方式，最终在遵循价值投资的基础上，通过技术分析来获得超额利润。"韭菜"是能够快速生长产生价值的，掌握好节奏，就可以一轮又一轮收割，产生收益。具备长期投资价值的个股也是一样的，在长期持有的过程中，其股价产生短期泡沫时就可以收割一半投资收益，等股价回调到合理价位后再低价买入，等待新的泡沫再次出现时继续收割。因为市场总是在波动，结合基本面和企业的成长周期来收割利益，可以实现比静态投资更可观的利润。

案例

目前存在很多个股同时发行A股和H股，A股和H股同权不同价，甚至同一家上市公司在两个市场的价格

① "割韭菜"投资股票法，在本书中是用"选股五行法"选出的股票都处于高成长期的上市公司，它们的价值会随着企业的生产经营高速成长，而其股价也会像韭菜一样随着股市行情的波段行情，一波又一波地快速生长。"割韭菜"炒股就是在股价过快生长时收割掉超出合理价值的股价，等股价回落后再次买入，等待下一波韭菜快速生长带来的股价上涨。周而复始，实现投资收益的快速增长。

相差很大。比如，比亚迪这只股票2020年3月末其H股股价为40.25港元，而同期A股价格是59.76元。只要看好这只股票，买入更便宜的H股获得的利润会比A股更高，安全性也更高。同时利用K线分析，在其每个阶段高点卖出，低点买入，就能够产生更高的收益率。

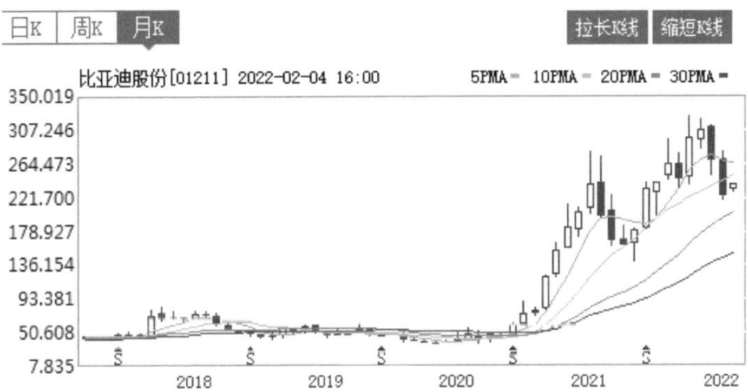

比亚迪 2018 年至 2022 年 H 股

课程小结

本课主要介绍了各种主流投资股票方法及其不可避免的一些缺点，针对各种方法进行尝试后，逐渐找到适合自己的方法，从而达到提高收益率的目的。每个投资者可能都接触过其中的一种或几种投资方法，如何合理地取长补短，创造利润最大化？这也就催生了我摸索出来的另一种投资股票方法——“割韭菜”投资股票法。

第二课

培养4个特质，走向理性投资成功路

我之所以公开自己的投资方法，一是想通过写书，系统地整理自己多年以来的实战经验，提高自己的投资水平；二是希望通过本书为还奋战在投资亏损一线的朋友们提供一点“养分”。

世界上没有完美无缺的投资方式，就像同一只股票，即便你5元买入也可能亏损，而有丰富投资经验的人即便200元买入，也可能盈利100%。这就像李连杰主演的《霍元甲》里面的一个场景，他一拳打断一根树桩，对徒弟们说道：“这一拳20年的功力，你有吗？”投资也是一样的，没有捷径可言，任何成功的背后都是默默辛劳和汗水的付出。我从事金融工作30年，投资股票30年，本书和大家分享的就是30年如一日对股票投资成功的不懈追求，通过实战总结和积累摸索出来的一点财富密码。

并不是所有人都适合在股海中急流勇进，通常而言，具备以下4种特质的朋友，比较容易从投资中寻找到快乐和成就感。

一、身体健康，积极向上，面对困难永不言败

高强度的工作和投资分析需要大量的脑力劳动支撑，虽然坐着不动，但是一天下来可能已经心力交瘁、头昏脑涨，特别是遇到暴跌行情，看着巨额亏损，可能心碎的感觉都有。2012年前我也亏损过，面临房贷压力、生活消费压力，这种时刻，只有积极乐观、永不服输的精神力量能够支撑着我继续走下去。后来，通过改进技术方向，不断学习和成长，我悟到只有坚持下来才会海阔天空。2008年金融危机，从北京奥运会开始那段时间我就一直亏损，因为当时对市场顶部和底部的判断还不成熟。我的解压方式就是拼命地运动。记得当时有一部电视剧叫《李小龙传奇》，看了李小龙的故事，我每天拼命打沙袋，工作单位几百平方米的健身房，只有我一个人坚持早、中、晚去运动，一部电视剧下来，我居然把单位健身房的沙袋打破了，可以想见当时亏损的

压力给我带来了多大的痛苦。面对每天的亏损，我只能拿沙袋来解气，通过一次又一次暴击沙袋来缓解心中的悔恨。

做短线交易要求思路特别敏捷、注意力特别集中，多次交易失败或者错过好的交易机会，都是因为我工作或运动过于忙碌，交易时段注意力不集中甚至瞌睡而错失了计划好的交易策略。短线获利，甚至经常需要几秒钟之内就做出交易判断，很多时候我都能够感觉到，我的交易对手就是AI机器人。它们能够洞察到你的心理活动，在你恐惧时掠夺你的筹码；在你激动得豪情万丈时，把你无情地套在山顶。情绪不对时，就要冷静下来，找到对的节奏。当你找到盘感时，高抛低吸就会变得非常顺手和主动，好像摸到了这只股票心跳的规律。当找错节奏，低抛高接时，你可能会陷入迷茫和惆怅，这个时候就需要勇气，认真分析交易方向、改变交易节奏，千万不能破罐子破摔，置之不理。

常在河边走，哪会不湿鞋？积极乐观的心态离不开良好的身体状况。人不能做财富的奴隶，赚钱的目的是奉献社会、享受生活，如果因为投资股票搞得自己心力交瘁、身体亚健康，那就失去了投资的意义。

二、具备财务分析能力，时刻不忘安全性、流动性、效益性三原则

投资股票说白了就是投资上市公司，如果你对某只股票的企业财务状况一窍不通就去投资，无异于盲人摸象。我从事信贷和风险管理工作27年，特别是2000年之后从事山西省内大型国有企业的债转股和资产重组类工作，曾经对山西省内的所有上市公司进行较长时间的财务跟踪和分析，并实地去了解一些企业的经营状况。这也为对一个企业敢不敢投入，投入后能不能产生效益、收回投资积累了经验。“练武不练功，到老一场空”，做投资也是一样的。投资的基础离不开上市公司的财务分析，如果财务不重要，上市公司申请上市时就不需要会计审计事务所审计了。一笔好的投资需要具备安全性、流动性、收益性三原则。安全性永远放在第一位，虽然股票投资也是高风险、高收益的投资品种，但是风险高和安全性并不矛盾。对上市公司投资安全性的考量最直接的数据来源就是企业的财务报表。例如，大家可以看一下恒大控股公司的财务报表，看看它的资产负债情况、流动比率情况或有无负债情况，其实它的高负债并不是一天两天，如果懂得财务分析，就不会盲目

买入这类股票。“君子不立于危墙之下”，谁的钱都不是大风刮来的，很多上市公司经营出现风险但不一定达到退市条件，它还能在证券市场上继续交易，那么投资者就要小心了，不要盲目进入这类有风险隐患的公司。看看当年的乐视、现在的恒大的股价走势，就知道一旦“暴雷”的后果是多么可怕。流动性也是非常重要的指标。港股里有许多仙股非常便宜，但是每天没有几笔交易，这样的股票你一旦进去，它虽然跌无可跌，但是死气沉沉没有什么人交易，很难有波段利润可做。所以我一般比较喜欢交易活跃、成交量大的股票，这种股票说明机构看好，大家都看好，并想办法在交易中获利。

三、活到老学到老，坚持不懈地热爱投资

做任何事情，要想成功，都必须热爱。我 40 岁才开始参加户外运动，到目前还保持着山西省几项越野跑纪录。曾经备战 6 年，最终七天七夜连续 163 小时重走长征路，完成 478 公里的乌蒙山超级越野挑战赛。六天六夜连续 145 小时完成意大利巨人之旅 330 公里阿尔卑斯山国际越野挑战赛。到目前为止，山西省内还没有其他

选手完成这两项比赛。有一个道理放之四海而皆准，只要你能够在一个领域潜心钻研5年以上，你就能够成为这个领域的专家。投资也是一样，如果你仅仅把它作为工作，那么你就不可能对它保持长久的激情；如果你把它作为狂热的爱好，那么它肯定会为你的不懈努力开花结果。股市是所有职业中门槛要求最低的，开个小便利店还需要准备租门面、进货、水电费等固定成本，投资股市只需要花几十元去证券公司开个户就可以了，投资多少自己说了算。但最没有门槛的职业也是竞争最激烈的职业，你的交易对手可能是集各种算法于一身的AI机器人，可能是坐拥几百亿元资金的基金经理，也可能是帮助上市公司管理市值的机构等各路大神，你能赚的每一笔钱可能只是人家牙缝中掉的一点渣。但你要坚信：积沙成塔，铁杵也能磨成针，时刻保持刻苦的钻研精神，日复一日、年复一年地去盯盘、复盘、学习新知识、洞察市场变化等，一点一滴地积累经验，最终“菜鸟”也能够从股市中淘得真金白银。

四、用铁一般的交易执行力来规避市场风险

真正的证券公司从业人士是不允许直接投资股票的，

而散户们也都有自己的工作，交易时间就成为很多投资者绕不过去的障碍。短线交易需要紧盯盘面，中长线交易如何应对随时变化的市场风险成为很多投资者迈不过去的门槛。一旦投资策略与时间错配，就可能导致既定的投资决策无法执行，导致短线长投形成套牢风险。我也经常遇到这种苦恼，工作忙的时候没有时间盯盘，可能会错过一些短线获利机会。甚至原来计划好的抄底搏取短线利润，当短线抄底判断成功，股价马上开始反弹时，突然单位工作有新安排。一个会议开完回来再看，2个百分点的反弹已经结束，股价又重归下跌趋势，短线盈利变成亏损。所以选择合理的交易周期参考标的非常重要（见下页表）。

此表针对不同交易习惯或投资方向所确定的交易 K 线可做参考，当然这个不是死板地规定每个人必须按照什么样的周期来交易。比如，我忙得没有时间做短线交易时，一般会按照中线投资策略来做投资决策。而对一些防守类交易品种，并不打算在一两年内获利的潜伏类股票，则采取长期投资策略，平时基本不关注，甚至几个月、半年才看看它的基本面变化情况。以上的投资习惯可以针对投资者不同时期或者投资不同股票的获利期望值来确定。投资者没有时间盯盘，就不能选择短线交

工作时间与交易周期配比表

交易时间类型	适合交易频率	收益预期	交易获利类型	交易参考K线周期	交易决策参考K线周期	重点关注时间段	参考止损点
工作不忙，有时间盯盘	高频操作，适合短线交易	参与短线博弈，追求利润最大化	每个交易时段都寻找获利机会	日K线	15分钟、30分钟和60分钟K线	开盘1小时和收盘1小时，每天开盘前拟订操作预案	股价跌破小时K线的5小时均线至少减1/3仓，跌破日K线的5日均线至少减半仓，减少风险、等待日线见底补仓机会
工作忙，每天盯盘时间不固定	低频交易，适合中线投资	追求相对稳定的收益	一两周时间交易一次，只做大的波段	周K线	日K线	关注当日收盘日K线，每周末确定下周操作方向	股价跌破周K线的5周均线至少减1/3仓，跌破月K线的5月均线至少减半仓，减少风险、等待周线见底补仓机会
基本没有盯盘时间	长期趋势投资，适合长线投资	投资闲钱，不急于当期实现较高利润	一两月时间交易一次，长期持有为主	月K线	周K线	关注每周收盘K线，每月确定操作方向	股价跌破日K线的5日均线至少减1/3仓，跌破周K线的6周均线至少减半仓，减少风险、等待月线见底补仓机会

易机会的品种。而长期不看盘不交易，往往会丢失市场的敏感度，也就很难把握市场行情机会，这种只适合找到具备长期投资价值的个股，完全靠上市公司通过不断扩大经营利润，依靠上市公司市值的增长方式来获利。

面对市场风险，有3点是任何时候都不能忘记的：

第一点就是我们常听的一句话：股市有风险，投资需谨慎！不管你采取短、中、长何种投资交易模式，投资资金都不能是你生活急需的钱。不管哪种交易模式，投资都是一种长期行为，如果想赚快钱往往事与愿违，不能因为投资亏损影响生活的基本保障和消费能力。

第二点就是严格执行交易计划。预定的交易决策在没有出现重大的利好或利空，个股基本面没有变化的情况下不能轻易改变交易计划。短线交易者经常会出现这样的操作：股价大跌时，补仓抄底计划在当天T+0（前一天就有这个股票仓位，股票下跌后低价买入，上涨后卖掉前一天已有的仓位）做个2%～3%的短线反弹，结果因为市场原因计划失败，股价没有达到2%～3%的反弹利润，甚至没有反弹，这个时候哪怕小亏也要坚决卖出，杜绝将短线计划改成长线。错就错了，千万不能将错就错，避免微亏做成大亏。务必确保资金的流动性，为下次交易机会留下宝贵的流金量。

第三点就是如果这只股票不是你情有独钟的、有5年以上长期投资价值的股票，那么你不管做短、中、长线都不要碰它。

课程小结

本节课详细地讲解了如何成为一个能够盈利的投资者，其4个特质是关键。特质一，身体健康，积极向上，面对困难永不言败。能够让你实现快乐投资，更好地克服投资恐惧。特质二，具备财务分析能力，时刻不忘安全性、流动性、效益性三原则。特质三，活到老学到老，坚持不懈地热爱投资。干一行爱一行，越是没有门槛的职业，越需要不断学习和进步去适应市场的变化。特质四，用铁一般的交易执行力来规避市场风险。股市投资风险很大，只有有计划、有目标、有执行力地去投资，才能够提高胜率。

第三课

股价上涨的基本逻辑

大自然有自己的运行规律，春、夏、秋、冬四季配合二十四节气，让这个世界阴阳调和。同理，人顺应规律办事就可以事半功倍，更容易成功，逆天而行则很难成功。人类在自然规律面前，一切反规律的努力都微不足道，而一切按照规律办的事情，则较容易通达。所以人类一直在追寻各种事物的运行规律，从规律中找到解决问题的办法。股票上涨也是有其规律的，具体来讲，一只股票价格长期波动的决定因素受 3 方面影响，即个股成长周期、行业运行周期和股票市场变化周期。

一、个股成长周期

上市公司也是企业，每个企业都是有生命周期的，百年老店只是行业中的凤毛麟角。据调查，目前中国中小型企业的平均寿命仅为2.9年，集团公司的平均寿命为7～8年，中国企业的平均寿命为3.5年。虽然能够实现上市的公司其生存能力要比一般企业长，但是难免有一些鱼龙混杂的上市公司也会面临退市风险。

对投资者而言，我们从该上市公司上市开始就要了解它目前处于哪个成长阶段。一般我们将上市企业划分为起步期、成长期、成熟期和衰退期4个阶段。企业的成长就和人的生命周期差不多，幼年阶段属于起步期，青少年阶段属于成长期，中年阶段属于成熟期，老年阶段属于衰退期。那么从人的能力我们可以看出，一个4岁的孩子想要拿起20公斤非常困难，但对十几岁的孩子来讲就太小儿科了。到成年阶段，可能拿起40公斤也不难。随着年龄的增长，对于90岁的老人来讲，20公斤又是非常困难的。假如你想投资一个举重运动员，那么最优先的选择肯定是青少年阶段，因为他处于高速成长期，培养的空间更大，而幼年阶段和老年阶段是最不合适投资的阶段。

处于起步期的企业最不稳定，投资前景和市场份额存在很大的不确定性，甚至企业毛利率微乎其微，面临亏损压力。

处于成长期的企业已经具备较强的核心技术竞争力，市场份额不断增长扩大，产品优势明显、供不应求，盈利大幅增长，前景一片光明。

处于成熟期的企业技术已经成熟，市场份额已经稳定，产品相对供求平衡，盈利比较稳定。

处于衰退期的企业，技术路线已经老化，缺乏市场竞争力，市场份额逐步缩小，产品已经供过于求，盈利能力减弱，企业缺乏新的利润增长点。

我们投资股票，肯定是要选择处于高速成长期的企业，这个阶段的企业利润增长幅度最大，市值上升的空间也最大。处于成熟期的企业市场份额已经稳定，企业成长已经遇到天花板，投资这类企业的市值增长空间也就相对稳定了。而处于起步期和衰退期的企业，其自身经营风险不小，即使有较低的市盈率和非常便宜的股价，也不是最好的选择，因为你不可能随时监控它可能遇到什么样的经营风险。

二、行业运行周期

每个行业都有其自身的发展规律，有些行业是长期存在的，如衣、食、住、行这些行业，只要人类存在，就离不开这些行业的发展。但有些细分的行业就可能随着科技进步而逐步消亡，如一些被机器代替的手工业、下一步可能会被人工智能所淘汰的职业。一些新兴行业同样也存在形成期、成长期、成熟期和衰退期，如同一些长期存在的行业存在着行业的高潮期和低谷期。目前最流行的行业选择术语叫“赛道”，选择一个高速发展的行业，就是选择了一条好的赛道。比如新能源汽车行业，10 年前属于形成期，技术还不成熟，国家还没有指定行业标准。这个时期行业发展前景还不明确，这时候投资就面临较大的行业发展风险。比如，美国特斯拉汽车形成期一直处于亏损状态，股票市值并不高。但是随着各国越来越重视气候变暖问题，将碳达峰、碳中和列入世界发展计划，新能源汽车取代燃油车成为很多国家政策支持的对象，因此特斯拉股票也在近两年一飞冲天，成为全球汽车行业市值最大的公司。所以选择好行业就是选择好赛道。

（1）一些科技含量高的或新兴行业，一般也可以分为形成期（行业刚刚形成，行业技术运行方向还不确定，如目前的国内芯片行业）、成长期（行业技术方向已经确定，相关配套支持政策已经明确，市场规模快速扩大，如目前的新能源行业）、成熟期（行业技术已经成熟，政策支持力度逐步削减，整个行业市场增长空间已经接近天花板，如目前的银行业）和衰退期（行业发展开始受到政策限制，更先进的行业颠覆者已经出现，市场规模已经开始下降，如目前的房地产行业）。那么投资者在选择行业时，一定要选择成长期的行业，成长期的行业的重要标识就是国家政策大力扶持，新技术、新产品不断更新迭代。未来行业市场发展空间很大，从这个行业中可以诞生出超级巨无霸企业，甚至会颠覆一些老旧行业。例如，目前国家政策大力支持的新能源汽车行业、太阳能行业、高端装备制造业、生物基因医药行业等。

（2）对于周期性行业，指受宏观经济景气周期的影响较大的行业，与国内或国际经济波动相关性较强的行业，其中典型的周期性行业包括有色金属、钢铁、化工、水泥、电力、煤炭、石化、工程机械、航运、装备制造等。对这类行业进行投资，就要摸清目前行业处于低谷期还是高潮期，国家对这些行业采取什么样的支持或者限制政策。同时也要关注其产品的市场供求关系，因为大宗商品的价格往往比股价提前反馈出行业发展情况，比如，国际大宗商品中煤炭价格开始上涨，那么煤炭企业的股价就会开启一轮上涨行情，煤炭价格暴涨必然会吞噬火电力生产企业的利润，电力企业的股价就会下跌。就像2021年煤炭价格上涨，煤炭上市公司股价也水涨船高，电力股就面临调整。但是国家为了确保电力价格稳定，很快出台了煤炭价格限价措施，煤炭股股价随之回调，而电力股又迎来一波反弹。所以，周期性行业的股票一般都要紧盯国家产业政策和大宗商品走势来操作，跟着政策和产品价格低吸高抛才会获得更高的利润率。

三、股票市场变化周期

股票市场变化往往会对个股走势产生非常大的影响，再好的股票也不可能长期完全脱离股票市场整体走势的方向。越是高成长的股票，可能高涨的股价中短期泡沫的成分越高。遇到如2008年金融危机那样的大熊市，其短期下跌的幅度可能会越来越大，那种长期低趴的低成长股反而跌幅会小一点。但是从长远来看，高成长股最终能够战胜短期股票市场整体风险因素。但是投资股票的目标不是死扛风险，而是为了获取更高的收益率，明知市场整体下跌，逆势而为总会产生亏损。面对几百只股票跌停的暴跌行情，如果能够提前规避，总是更好，留得青山在，不怕没柴烧。

几乎没有哪个成功的投资者不关注大盘走势，因为大家都明白顺势而为才能保护利润。从中国股市来看，大盘长期处于底部运行，最大的牛市机会就是2006年和2007年，在那种行情下随便拿一只差不多的股票都会在大盘指数暴涨的情况下带来丰厚的利润，随后的2009年、2014年、2015年、2019年、2020年都有比较好的市场行情。影响股票市场整体走强最关键的因素就是政策支持和资金供求关系。基本上每次大涨的前提条件都是指数经过了长期的下跌调整，市场总体市值下跌较多，同时国家银根放松，市场资金充足，推动大盘上涨。

巴菲特有一句名言：别人恐惧，我贪婪。这种逆向思维是他成为股神的制胜武器。中国近代金融鼻祖山西平遥日升昌票号曾经挂着一个牌匾，上面写着西汉司马迁《史记·货殖列传》的一句至理名言："人弃我取，人取我与。"这句话和巴菲特的话有异曲同工之效。当股票市场人人都抢着买股票时，甚至连看门房的老大爷都开户去买股票了，股价飞涨，人人都赚钱，还想继续大赚特赚时，就要冷静地卖出股票了。也就是天量出天价的概念，大量资金推高股价，券商的钱、基金的钱、股民的钱、机构的钱都近乎满仓了，大量股票封涨停板，很多人后悔没追上，哪还有新资金来接盘继续推高股价，这个时候你要克服贪婪心理：不要赚最后一个铜板，在天量后卖出股票。同样，当市场大跌，很多基金被迫清仓，一些私募关门走人，市场每天的成交量已经严重萎缩，甚至国家开始救市时；当很多投资者在割肉卖股票，一些强势股跌破增发价，甚至跌破发行价、净资产时；当人人骂股市、谈股变色时，这些时候恰恰是应该买入股票的好时机，即使买入会被套牢，也是短暂的。当市场总体市值跌得很低，基金、机构、私募等仓位已经被迫降得很低时，当市场资金量已经大于市值的时候，新一轮上涨行情自然会在沉默中爆发。当然如何判断市场的整体走势，我们会在后面专门的课程中详细讲解。

个股成长周期、行业运行周期和股票市场变化周期，三者在投资决策中都非常重要，如何理顺三者的关系呢？一句话可以说明，那就是“看大势、选赛道、重个股”。一只股票的大涨，首先要在好的市场环境中；其次是符合国家产业政策的重点支持对象；最后，优选到高成长的股票，在合适的时间抄底合适的股票，股价自然会大涨特涨。

一些非常优秀的投资者可能会十年磨一剑来等待市

场大底的到来，做好一波行情就可能够吃10年甚至一辈子。虽然中国股市像2006年、2007年、2009年那样的超级大牛市10年难遇，但像2014年、2019年、2020年那样的小牛市还是值得期待的，从2021年开始中国股市又进入震荡期。现在，潜心研究，选好行业、选好个股、学好投资股票基本功，在新一轮调整行情里伺机而动，像猎豹一样潜伏下来，找到绝佳的机会抄底目标股，获得阶段性投资利润将是轻而易举的事。

课程小结

本课从个股成长周期、行业运行周期和股票市场变化周期3个方向分析了股票价格上涨的基本逻辑。“治大国如烹小鲜”，投资股票也是一样，必须通过不断的练习才能够把握交易节点。一道美食的火候和油、盐、酱、醋等各方面都要恰到好处，不能过头，也不能缺位。投资股票也是一样，大到市场周期、小到个股周期，都要综合考量。学习投资股票和学习美食一样，都要追求精益求精，通过不断学习和练习，才能不断进步。

第四课

“选股五行法”之行业行不行

目前国内上市公司有 4000 多家，如何从中选择适合自己长期投资的优质股票，能够像割韭菜一样，一茬又一茬地收割投资利润，这就需要有较为系统和综合的选股方法。“选股五行法”就是我常用的一种选股方法。

“选股五行法”第一行——行业行不行？选对行业投资事半功倍。

股神巴菲特投资的一大关键点是：不做看不懂的行业。对于我们也一样，看不懂的行业就算盈利也可能只是短期的。长期把握不住行业去向，亏损将是必然。我投资过很多行业的股票，唯独没有碰过生物医药股，因为我完全没有接触过这样的企业，也不喜欢这个行业。没兴趣了解它的发展去向，那怎么可能在这个行业掘金？

我投资盈利的主要上市公司都是工业类生产企业，这和我一上班就接触山西焦煤（当时叫西山矿务局）有关。作为这个企业 3 年的信贷专管员之一，我跑遍了这个企业的所有生产单位，记录了它 3 年每个月的生产、销售、成本数据。这也让我对一个正常经营企业的生产、供应、销售和财务核算等方面有了基础的了解。

很多行业都是周期性的，比如煤炭行业，煤价低的几年，工资都开不了。20 世纪 90 年代时，银行对煤炭企业开放专门的清理三角债贷款、团结稳定（工资）贷款，帮助企业渡过难关。而煤价高的几年，东南沿海的老板们提着现金，来煤矿抢车皮、抢计划。对于一个投资者来说，我们应该选择行业在什么样的周期下进行投资呢？拿上述例子来说，一般人肯定会毫不犹豫地选择投资煤价最高的高景气度的行业投资机会。而在股票市场，这个时候你可能就会被无情地“割韭菜”。因为盛极则衰，投资一个行业不能等人人都知道它好时才去投资。当全国人民都知道炒煤赚钱，都拿着现金来买煤时，往往它的股价就已经见顶了。就如同 2021 年下半年炒煤炭期货的，煤价突飞猛进，电厂严重亏损，投资者还在大量做多时，政策出台，煤炭限价，做多的投资者又被割了一地韭菜。介入行业投资的最佳时机应该是行业景气度已经见底刚刚开始回升时，市场还在拿过去一年的财报说这个企业每股收益低、财务成本高等一大堆负面问题，这个时候股价往往已经见底，低吸进去等顺周期的行业景气度来临，自然有无数投资者主动来为你抬轿子。

对于普通投资者来说，选择行业太难了。机构有专业的行业分析师，而普通投资者根本没有精力去研究每个行业的发展状况。对我而言同样也是个问题。那么，如何快速选择一个比较适合自己投资的行业呢？我归纳了几个小妙招。

第一，研究自己喜欢的行业，这也是最重要的一点。不喜欢、不了解、不关注就不可能掌握行业的动向。任何能够成功的事都是我们喜欢做的事。爱因斯坦之所以能够成为物理天才，是因为他喜欢。如果你非要他成为拳王阿里，那打死他，他也不可能成功，因为他没这个兴趣，做不喜欢的事就不可能成为天才。

第二，站在巨人的肩膀上选择。专业的事交给专业的人去做，对行业发展动向了解最有权威的就是国家产业政策和银行的信贷行业政策。银行要向各行各业放贷款，对每个行业都有当年的信贷行业政策。这个政策明确了哪些行业是积极进入、适度进入，还是存量控制或退出行业。如果银行都不给这个行业新增投放贷款了，可想而知这个行业的发展前景如何。最简单的例子，近年来信贷资金严控进入房地产市场，国家一直在倡导“房住而不炒”，这个时候还投房地产股票，这就是逆行业周期投资。近年来房地产板块的表现，大家有目共睹，就不多说了。所以，关注信贷政策导向，关注国家大力发展的行业，从中找到刚刚启动的行业机会，投资会事半功倍。

第三，挖掘行业颠覆机会。科技改变人类生产习惯，也可以改变一个行业的发展。一个行业的颠覆者往往会带来巨大的经济效益。就像当年苹果智能手机横空出世，颠覆了诺基亚功能手机；索尼数码照相机出来，颠覆了普通胶卷相机；苹果等公司的 Mp3 随身听问世，颠覆了音乐卡带等行业。一些非常成熟的行业可能会因为一些跨界公司新科技的介入，导致行业的格局发生巨大的变化。而谁能先认识到这个行业颠覆者，谁就可能会获得超级财富的密码。

第四，关注全球大宗商品交易变化。对钢铁、能源、有色金属等生产大宗产品的行业要多加关注，大宗商品的价格指数往往代表着这个行业周期的变化。大宗商品价格长期下跌后触底反弹，行业的供求关系就可能出现反转迹象，这个时候就应该关注该行业的投资机会。例如，黄金价格触底反弹时，黄金类上市公司股价就水涨船高。

课程小结

行业选择是一个比较宏观的问题，对普通投资者来说难度比较大。它需要长期观察和跟踪一些数据来源，并加以科学分析。国家产业政策的调整、行业补贴政策的变化，甚至一些商品的限购、限价政策，都会对行业发展带来重大影响。俗话说"当局者迷，旁观者清"，投资股票不能只看K线、只盯每天股价的涨涨跌跌，更要从宏观角度来解读一些产业新闻和产业政策变化，这样才能对一个行业的发展有基本的方向性概念，才能对选择高成长阶段的行业起到帮助。

第五课

“选股五行法”之企业发展空间行不行

“选股五行法”第二行：企业发展空间行不行？优选能够做大的企业。

雷军说过一句话——“站在风口上，猪都能飞上天”，风口也就是我们现在常说的赛道。股票赛道我们可以看作一个新兴行业、一个创新风口、一个领先的科技概念。比如，目前比较热的有大消费赛道、医疗赛道、科技赛道、碳中和赛道等。选择能做大的企业就必须选择拥有好赛道的企业，因为这些企业可能实现几年翻几倍的惊人增长。

我们可以重点选择产品供不应求的新兴行业，因为市场需求大，产品价格就会上涨，产量和销量也会快速增长，公司盈利也就水涨船高，它的股价自然能够起飞。有的公司市盈率高达近百倍，从市盈率来看确实太高了，没有投资价值。但是普通投资者卖了，股价却还在上涨，这就是因为普通投资者只盯着这只股票去年的每股收益，而没有预测到它未来两年的收益情况。而机构投资者是通过企业新上项目情况、未来市场占有率情况、产品竞争力等来预测它未来几年的发展空间的。如果近两年其收益翻倍、市场占有率翻倍，市盈率自然就下降了。所以上市公司能否快速增长做大，也是投资重点。

比如，上年末同行业的 A 上市公司每股收益 1 元，每股股价 100 元，市盈率 100 倍，产品市场占有率 20%；B 上市公司每股收益 1 元，每股股价 20 元，市盈率 20 倍，产品市场占有率 20%。静态比较，肯定 A 上市公司股价太高了。同样的每股收益 1 元，同样的市场占有率，股价比 B 公司高了 5 倍。可能普通投资者会果断卖出 A 上市公司股票，转投 B 上市公司。这样的静态比较，看似没问题，但投资股票并不是只看静态财务数据这么简单。事实是 A 上市公司有行业领先的新技术，技术含量更高的新产品马上要上市，企业产品供不应求，市场占有率 20% 是因为生产能力就这么大，但是今年新的生产线就要投产，随着新产品上市，今年市场占有率预计会翻 3 倍达到 60%。而 B 上市公司技术落后，虽然市场占有率20%，但是产品供过于求，预计今年市场占有率会下降至10%。所以普通投资者卖出A上市公司100元的股票，买入B上市公司20元的股票时，可能到年底会发现A上市公司股价涨为130元，而B上市公司股票下跌至15元了。投资股票不但要看历史财务数据，更重要的是要看上市公司未来的成长情况。A上市公司拥有行业领先的技术水平，有供不应求的新产品，其估值自然会水涨船高。而B上市公司由于技术落后，产品已经供过于求，开工率不足，缺乏核心竞争力的结果是股价和其成长性一样，逐步没落。

另外，投资者要回避已经达到行业天花板的上市公司。虽然有些成熟行业上市企业的核心竞争能力和盈利能力还很强，就像目前的银行股一样，但国内五大银行的市场份额已经很高，在金融脱媒的效应下，五大行很难实现两三年再造一个银行的机会。由于失去了爆发式增长的机会，市场对它们的估值也就不会高，这也就是它们上市以来多少年市值变化不是很大的重要原因。2005年，阿里巴巴与工商银行签订了互联网战略合作协议，打通了淘宝购物与工商银行卡支付的通道，也给阿里巴巴赋予了金融支付的功能。当年阿里巴巴的交易额就占到了国内电子商务交易额的82%，而通过工商银行卡支付产生的交易额占了阿里巴巴总交易额的45%。一年之后工商银行上市，市值2142亿美元，当时阿里巴巴估值25亿美元。后来的情况大家可能都知道，马云这个金融行业颠覆者说，"银行不改变，我们改变银行"。截至2020年年末阿里巴巴市值达5220亿美元，比2006年增长了近208倍，超过了当时全球市值最高的商业银行摩根大通银行（2770亿美元），是工商银行2020年年末市值2657亿美元的1.96倍。而2006年上市到2020年年末工商银行市值仅增长了24%。由此可以看出，工商银行就是达到市场上升天花板最好的例子，而阿里巴巴则是行业进步颠覆者的最成功例子。

课程小结

一个企业能不能做大，是选股最为关键的因素。就像上述案例一样，选股就要选择像2006年的阿里巴巴一样具备高成长性，业绩能够连续翻倍增长、市场占有率能够不断扩大的公司，而避免选择工商银行这种已经接近行业上升天花板的公司。工商银行2006年上市就已经是全球第三大市值银行，虽然上市后其一度是全球第一大市值银行，现在依然处于前三名，但是市场占有率的增长已经没有了太大的想象空间。随着中国银行、建设银行、农业银行、交通银行等同质化的大型国有银行的上市，工商银行在市场中已经没有了特别的稀缺性，导致其股价的想象空间很有限。

第六课

“选股五行法”之经营状况行不行

“选股五行法”第三行：经营状况行不行？确保股价既便宜又不会暴雷。

一个企业的财务分析涉及面非常广，普通投资者是无法全盘了解的，而且数据的真实性只能以审计报告为准。我们只能相信会计事务所，如果遇到无良的上市公司和会计事务所一起造假，那可真没有办法。财务数据变化又很快，毕竟企业天天在经营，财务报表只能反映过去某一个时间节点的数据，而不能代表企业的未来。但是任何没有当下的企业，更不会有未来。同时，因为不同企业、不同行业的业务特点，财务报表的可比性也差别很大。有些投资者总拿看似盈利能力强的银行股和其他企业比，这样横向比较就没法投资了。因为市盈率、市净率很多行业都达不到银行股的低水平，难道就不具备投资价值了吗？恰恰相反，看看国有大行的股价，如建设银行 2007 年上市每股 4.69 元。15 年过去了，2022 年 1 月它的股价为 5.99 元。每股净资产 9.68 元，每股收益 1 元多。按财务指标来讲，非常便宜。如果单纯拿它的财务指标和其他行业的股票比，其他行业就都不具备投资价值了。因此，财务指标是投资一家上市公司的重要参考，但不是唯一标准。普通投资者重点关注上市公司的偿债能力和盈利能力两大项指标就可以了。

一、偿债能力分析

偿债能力对处于快速成长期的上市公司来说非常重要，一些上市公司为了高速扩张，往往会大量借贷用于扩大生产规模、兼并重组、打通上下游供应链等，甚至有些企业还会跨行业去超常规发展。像乐视、恒大这类公司就是因为步子迈得过大，过度融资导致企业无法偿还到期债务致使资金链断裂。而偿债能力主要通过短期偿债能力和长期偿债能力两方面来分析。

首先关注企业的长期偿债能力。它最重要的指标就是资产负债率，是企业负债总额与资产总额的比率。

资产负债率 = 负债总额 / 资产总额 ×100%

资产负债率反映企业偿还债务的综合能力，比率越高企业偿还债务能力越差，财务风险越大。反之，比率越低企业偿还债务能力越强。

2007 年，我对山西省所有上市公司进行分析时，就发现山西汾酒几乎就没有银行贷款，只有象征性的 100 万元贷款。因为这类企业在正常生产经营下根本就不缺钱，现金流非常充足，所以就不需要银行贷款，也不需要考虑偿债能力。但是对于一些竞争激烈的行业，资产负债率过低也不是好事，因为企业可能过于安于现状，没有新增投资去扩大经营规模。普通投资者关注企业资产负债率的高低，也要配合企业的发展阶段来看。如果企业处于高速增长期，目前产品畅销、订单非常充足，产量无法满足市场需求，企业正在扩建生产基地，这个阶段资产负债率稍高一点很正常。但是如果资产负债率超过 70% 就得注意了，毕竟贷款利率的高低直接影响企业的经营利润。如果企业毛利率不高，甚至与银行借款水平相近，那么这样的企业高负债率的结果，可能就是赚的钱都送银行了，对投资者来讲就要小心了。一些上市公司除了银行贷款，甚至还参与民间借贷、超规模对外担保，或者大量拖欠了供应商的钱款，这样的上市公司投资者就要远离了。在高负债、低利润率的经营情况下，企业生存条件并不健康。一旦遇到突发事件，这样的企业非常容易发生资金链断裂，导致资不抵债的风险。

资产负债率多少合理呢？这也没有固定标准。因为每个行业的经营模式各不相同，投资者可以与同行业的上市公司进行比较。总体来看，如果企业发展较好，受到资本追捧，就很容易从资本市场融得直接融资，就不会去过多地借用银行贷款，毕竟贷款的利率比较高。而市场占比高、订单充足的上市公司一般资产负债率都不会太高。

其次关注企业的短期偿债能力。它主要指企业偿付流动负债的能力，也就是偿付一年内或一个营业周期内到期债务的能力。它的主要指标就是流动比率，相对于资产负债率，流动比率更能反映企业当期马上面对的债务偿还能力。企业资金链断裂最直接的表现，就是无法偿还马上到期的债务。

流动比率＝流动资产/流动负债

流动资产主要包括：货币资产、以公允价值计量且其变动计入当期损益的金融资产、应收及预付款项、存货和一年内到期的非流动资产。资产负债表中的"期末流动资产总额"项。

流动负债主要包括：短期借款、以公允价值计量且其变动计入当期损益的金融负债、应付及预收款项、各种应交税费、一年内到期的非流动负债等。资产负债表中的"期末流动负债总额"项。

这个比率越高，说明企业偿还流动负债的能力越强。一般数值在 2 左右比较合理。如果过高说明企业未能有效利用流动资产产生更多效益，也可能有存货超出正常水平的情况，这就要结合企业的产供销率来观察是不是企业存在存货积压过多无法销售的情况。而比率过低，则说明企业短期内面临债务无法偿还的风险。

对于资产负债率高的企业更需要关注企业的流动比率。因为高负债经营，如果流动比率过低，企业可能面临资金链断裂风险。关注上市公司偿债能力最主要的目标就是避免踩"雷"风险，一旦遇到上市公司资金链断裂，股价可能面临的就是无底洞式下跌风险。看看 2021 年恒大系（集团控股 2021 年上半年报账面资产负债率高达 84%、流动比率 1.2）的表演，就知道资金链断裂对股价意味着什么样的结果。

二、盈利能力分析

如果说关注偿债能力是为了投资安全考虑，那么关注盈利能力就是着眼于投资收益了。一家上市公司的盈利能力是其投资价值的重要体现。投资股票的标的是上市公司的股权，而上市公司赚不赚钱、能赚多少钱往往与其股价呈正相关关系。投资股票不像投资期货是零和游戏，期货买多卖空大宗商品，商品本身不能创造价值，属于场内资金根据商品供求关系的价格博弈。而股票是投资上市公司股权，它除了股票本身买卖的供求关系外，更多的是绑定上市公司能够创造多大的投资价值。在主要以做多盈利的证券市场，上市公司的盈利能力就显得至关重要了。涉及盈利能力的指标很多，普通投资者可主要关注销售毛利率、净资产收益率、扣非每股收益、市盈率几个指标，来分析上市公司的盈利能力。

销售毛利率 =（营业收入净额 - 营业成本）/ 营业收入净额 ×100%

销售毛利率反映了企业的营业成本与营业收入的比例关系，销售毛利率越大，说明在营业收入净额中营业成本所占比重越小。销售毛利率可以直接说明企业产品定价有优势，在同行业中销售毛利率高、销售增长快的企业，其产品竞争力强、定价话语权高、比同行业其他企业有经营优势。

净资产收益率（又称股东权益报酬率）=
净利润 / 同期平均净资产 ×100%

净资产收益率反映了企业投资回报的高低，比率越高说明企业的盈利能力越强。如果净资产收益率低于银行贷款利率，说明企业经营比较困难。如果银行贷款较多，企业经营利润基本都被贷款利息吃掉了。一个正常经营的企业指标至少要高于银行贷款利率，即使通过贷款扩大经营规模也不会马上亏损。

扣非每股收益（又称扣非每股利润）=
（扣非净利润 – 优先股股利）/ 已发行普通股股数

扣非净利润是扣除非经常损益后的利润净额。非经常损益包括一些地方政府为了保护上市企业而给予的巨额补贴。扣非每股收益是指上市公司股票每股所获得的扣非后净利润。金额越大，说明每股包含的上市公司盈利能力越强。一般来说，股价越高的上市公司扣非后每股利润应该越高。如贵州茅台 2020 年每股收益就高达 37.4 元，而山西汾酒 2020 年每股收益为 3.5 元，贵州茅台每股收益是山西汾河的 10.6 倍，所以贵州茅台 2020 年年末股价 1978.71 元是山西汾河股价 315.78 元的 6.26 倍。因此，每股收益率是比较同行业上市公司盈利能力的重要指标。

市盈率 = 每股股价 / 每股收益

市盈率反映上市公司市场价值与盈利能力之间的关系。一般情况市盈率越高，说明市场对该上市公司估值越看好，投资者愿意多花钱买入，反之则说明市场并不看好该企业的发展前景。由于股价的波动是比较快的，因此，这项指标不是衡量股票投资价值高低的唯一标准。市盈率过高，企业又无新增盈利能力的，反而说明股价存在泡沫，很可能会下跌。同样，市盈率太低的上市公司，如果存在较强的新增经营效益的能力，很可能其股价反而会大涨。市盈率计算相比每股收益更加动态化，每股收益反映的是过去企业的经营成果，而市盈率是结合股价变动而变动的。股价本身就存在对企业未来收益的预期，因此，市盈率这个指标要结合企业未来 1 ～ 2 年的经营发展预测来比较，更有意义。

从财务指标来选择可投资的上市公司，首先从安全性考虑。选择资产负债率相对较低、流动比率相对较高的公司，这样的好处是在排除上市公司过度融资暴雷风险的同时，企业有一定的融资空间，利于企业长期发展。然后从盈利能力入手，选择"三高一低"的上市公司来投资，即净资产收益率高、毛利率高、每股收益高、市盈率低的公司。当然前 3 项是历史数据，市盈率要动态考虑，而不能局限于该企业眼前的利润情况，还要综合考虑企业目前在建的项目情况、未来市场的占有率等因素。

课程小结

每个行业的财务报表各有不同，但企业的偿债能力和盈利能力是相通的。投资股票不一定懂得全部财务知识和指标，但这两项最关键的财务指标一定要了解。目前市场上流行一种只看 K 线图的投资方法，这种短线投资方法脱离了上市公司财务基本面，单纯看 K 线投资股票，很容易捡了芝麻丢了西瓜，甚至会被温水煮青蛙，深度套牢。

第七课

“选股五行法”之董事长能力行不行

“选股五行法”第四行：董事长能力行不行？选对董事长，睡觉也能发大财。

明确了行业，如何选择具体的上市公司呢？其实在了解行业的时候，行业排名前几的公司就已经进入了我们的视线范围。但是怎么选择一个能够引领行业发展的潜力公司？关键一点就在于公司的领军人物。华为如果没有任正非就不可能成为华为。华为 2006 年以来，已经从一个中型企业做到了国际超一流企业，甚至在美国的打压下，依然不断做大。如果当年华为失去了任正非，今天还能如此强大吗？

所以，一个企业能否做大做强的一个重要因素就是，企业有没有灵魂领军人物。我对军工企业特别有感悟，因为当年山西省内的军工企业改制我都参与过。看着军工企业经过改制后，个个轻装上阵，一些企业的经济效益倍增，我也先后投资了一些军工企业。其中有一只股票就是中国重工，因为这家公司是中国唯一的航空母舰总装厂，对于一个军工行业迷来讲，选择投资是必需的。它曾经是我的第一重仓股，但是这只股票从来没有暴涨过，2009 年上市开盘 4.95 元，截至 2022 年 1 月末股价 3.99 元，十多年来股价不涨还亏本，即使中船系合并也没有起色。后来董事腐败落马，这印证了中国的老话——"上梁不正下梁歪"。投资者遇到这样的管理层实在是倒霉，管理层的心思根本不在如何做大做强来回报股东、回报社会上，股价自然不可能出现可持续的增长。

所以，投资上市公司就是投资其管理层，管理层没日没夜地为公司发展劳累奔波，投资者就是天天睡觉也能赚大钱。管理层如果天天想着减持股票去周游世界、吃喝玩乐，那公司的成长就危在旦夕。因此，选择管理层时要远离 5 类企业：

第一，远离频繁更换董事长的企业。一个在本行业深耕细作很多年的董事长，肯定比一个新入行的要强。还是那句话，一个人在某个行业潜心钻研 5 年以上，就一定是这个行业的专家。做一个企业更是为此。没有建立起彰显企业理念的企业文化，没有形成优胜劣汰的激励机制，没有一群即使拼命也要落地战略的忠实员工，就不可能成就一个企业的成功。外部空降董事长往往短期内很难让企业突飞猛进。因为，熟悉一个企业，需要深入基层了解企业运营的各个环节，这需要花大量时间来做长远的战略规划。

第二，远离董事长有负面新闻的上市公司。普通投资者很难接触到公司董事长，但是新闻媒体可以。公众人物的消息，可以帮助我们从侧面了解一个公司董事长的人品、专业素养、管理水平。有的企业家亲自为产品代言、亲自开产品发布会、对自家的技术和产品路线了如指掌，这样的董事长肯定比那些连自家产品都没用过的董事长要强。如果一些董事长被媒体曝光的都是在花天酒地的娱乐场所、综艺节目、负面新闻，这样的公司要远离。

第三，远离管理层总想一夜暴富的企业。管理层薪酬和持股是否合理很重要。有的公司董事长工资高得惊人，企业盈利与整个管理层收入相比微乎其微，每年盈利几乎分光吃尽，甚至部分高管辞职只为高位减持公司股票，这样的公司要远离。因为这样的公司可能就没有长远发展的规划，人人都想快速套现、一夜暴富。这样的公司不会有前途。

第四，远离董事长爱吹牛的企业。企业都有近3年规划，我们可以回看其前几年的规划。如果董事长经常是信口开河3年翻一番之类地"画大饼"，实际情况是3年过来收入、盈利还是原地踏步，规划变鬼话，经营全凭想象，无法落实计划、实现目标。这样的公司不能投。

第五，远离董事长不重视科技投入的企业。记得有一则新闻报告，几年前联想集团前掌门人接受采访，说"我坚决不同意去投资芯片产业"。近期深陷股权改制漩涡的联想集团，因为科技创新能力不足，登录科创板失败。这样的例子还有很多，例如，理想汽车创始人曾在理想汽车用户日上公然说："一帮搞臬技术的，天天冲我们嚷嚷，什么增程电动是个落后的技术。请问，他们搞出来技术了？""让一群毫无用户思维，完全不关心用户的人，天天研究技术路线，什么技术路线啊？胡说八道！"当前，全球新一轮科技革命孕育兴起，正在深刻影响世界发展格局，正在深刻改变人类生产生活方式。加强科技产业界和社会各界的协同创新，促进各国开放合作，是让科技发展为人类社会进步发挥更大作用的重要途径。因此，有一个不重视科技创新的企业掌门人，很难想象这个企业能够成为引领行业发展的龙头企业。

课程小结

上市公司的董事长和其管理层是决定上市公司发展方向的领军人物。一个好的董事长可以让烂企业起死回生，而一个不务正业的董事长可能让一个好企业走向没落。很多投资者买股票根本不关注谁是董事长，甚至不了解一些上市公司的创业高管为了减持股票宁可辞职。这种连高管都不看好的公司，普通投资者盲目买入的后果可想而知。

第八课

“选股五行法”之技术储备和产品竞争力行不行

“选股五行法”第五行：技术储备和产品竞争力行不行？这确定了企业有没有核心竞争力。

在产品同质化竞争非常激烈的时代，谁能率先制造出引领市场潮流、甚至改变固有模式的革命性产品，谁就可能获取更多的市场份额和利润。华为做手机，从自己研发芯片开局，通过麒麟系列芯片，硬是从手机这片高度竞争的红海中一度取得全球第一的市场份额。如果华为走的是和其他手机厂商一样没有自己的核心技术的路线，那么华为手机当年就不可能在与苹果、小米、联想、oppo 的竞争中胜出。因此，产品是代表一个企业有无竞争力最好的说明。如果企业有技术储备，产品一直在更新换代，能够引领市场潮流，就容易做大做强。

一是要特别关注企业科研投入占销售的比重。国家认定高新技术企业的条件为研发经费占销售额的3%以上。华为一年研发费用高达销售额的14%，同为手机制造商的小米，研发投入占销售额的4%。这样一比较就很容易看出，谁更能够引领行业技术水平。

二是要关注企业有效专利数在行业中的地位。专业数量更好地展示了企业在研发投入上产出的实际成果。只有专利数量多、质量高，才能够说明企业的研发投入产生了实质性效果。有些企业研发投入占销售额比例挺高，产出的专利数量却寥寥无几，说明其研发效率低，研发资金没有产生经济效益。

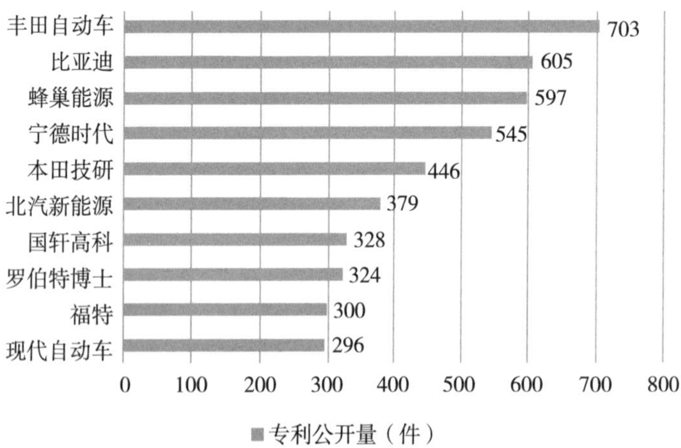

2020年中国新能源汽车专利公开量TOP10

（资料来源：中汽中心、智研咨询整理）

专利质量决定了企业的核心竞争力，所以不但要看企业专利公开量，还要更加关注授权量。因为能够对外授权的专利才是市场需要的，能够直接产生效益的专利。

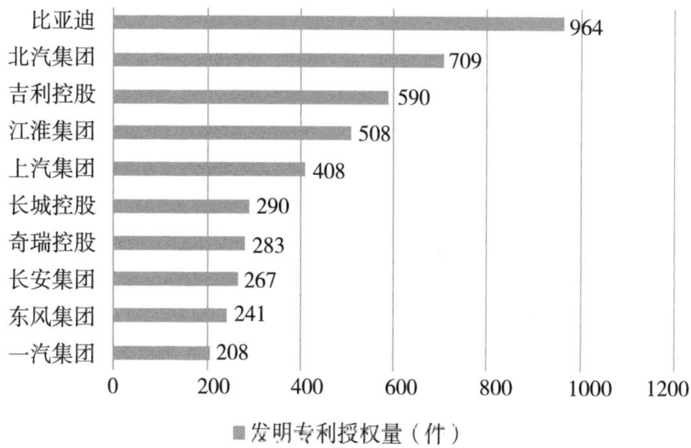

2020 年中国汽车发明专利授权量 TOP10

（资料来源：中汽中心、智研咨询整理）

从新能源汽车行业来看，比亚迪在国内新能源汽车行业的技术领先优势非常明显。

三是要看企业的科研人员占比及待遇情况。还是以华为的案例来看，华为截止到 2019 年年底的全球员工总数为 19.4 万，在这接近 20 万名工作人员中，研发人数约 9.6 万，占比 49%。这样的研发人员比例是一般企业很难达到的水平，而华为研发人员的收入也是国内顶尖级的存在。华为 2019 年从全世界招进 20 ～ 30 名天才少年，当年 7 月宣布给予其中 8 位 2019 届顶尖学生高达 200 万元的年薪。2020 年又从世界范围招进 200 ～ 300 名顶尖毕业生。优秀的企业就是要不断吸收优秀的人才来培育新技术、研发新产品，这样才能让企业打破制约技术进步发展的壁垒。

四是尽可能地了解企业产品的真实使用效果、产品行业优势，以及市场真实反馈情况。对于投资生产消费类产品的上市公司，投资者了解上市公司最好的办法就是亲自去体验企业的产品。通过对比同行业其他产品的消费感觉，你能够更好地了解企业产品的真实使用效果和有无核心竞争力。不亲自体验，盲目相信一些网上的评价，可能会让你被一些“网络水军”、同业竞争的“黑粉”误导。

课程小结

科技水平就是企业的核心竞争力，在目前全球经济一体化的形势下，不掌握核心技术就可能会受制于人。比如，近年来华为手机就因为美国制裁，导致其自行研发的海思芯片无法制造，最终错失全球手机市场占有率第一的份额。企业的固定资产、生产装备是其硬实力，在目前产品同质化的情况下，科技含量才是决定企业未来发展空间的制胜法宝。技术领先、专利数量靠前的上市公司的发展后劲才足，未来利润水平才高。而那些没有核心技术，关键设备全靠组装的上市公司没有成本优势，只能赚个加工费。

第九课

“选股五行法”之综合运用

在目前市场竞争非常激烈的情况下，能够成为一个新兴市场的领军企业，其经营管理能力、科技创新能力、产品研发能力、市场开发能力、客户维护能力等产、供、销、研、融各个经营环节缺一不可。特别是在目前A股市场4000多家上市公司中挖掘出适合自己长期来“割韭菜”的好股，就需要用以上所讲“五行法”来缩小选股范围，最终找到适合自己的好股票。就像选对象一样，从年龄、学历、身高、收入、家族情况几个维度来衡量，可能周边1000个人，最终一筛选也就所剩无几了。“五行法”就是通过5个维度对你所关注行业的股票一层一层剥离，通过5层筛选最终选出最适合你长期投资的股票。具体选股过程参照下表：

"选股五行法"模拟操作

五行法分析过程	分析方向	上市公司 A	上市公司 B
行业行不行	自己喜欢研究的行业	喜欢	不喜欢
	行业改善	信贷支持	限制新增
	挖掘行业颠覆机会	重大机会	一般
企业发展空间行不行	产品供销情况、市场份额	供不应求，市场份额上升趋势	产能有富余，市场份额下滑
	行业发展是否已达天花板	新兴行业有空间	市场趋于饱和
经营状况行不行	资产负债率	50%	75%
	流动比率	2	1
	销售毛利率	20%	5%
	净资产收益率	15%	4%
	扣非每股收益	3 元	0.8 元
	市盈率	30	90
董事长能力行不行	远离频繁更换董事长的企业	稳定	高管离职
	远离董事长有负面新闻的上市公司	正向报道	有腐败现象
	远离管理层总想一夜暴富的企业	立足主业发展	投机比特币
	远离董事长爱吹牛的企业	前 3 年规划实现	3 年规划成鬼话
	远离董事长不重视科技投入的企业	非常重视	不重视
技术储备和产品竞争力行不行	科研投入占销售的比重	15%	3%
	企业有效专利数在行业中的地位	前三位	排不进前十

续表

五行法分析过程	分析方向	上市公司 A	上市公司 B
技术储备和产品竞争力行不行	科研人员的占比及待遇情况	1/3 科研人员，待遇不错	自主研发不多，不需要太多科研人员
	企业产品的真实使用效果、产品行业优势	产品技术领先，用户需要提前预约排队购买	同质化产品无亮点

课程小结

如何选择一只值得自己长期投资的股票，可以通过参考“选股五行法”模拟操作这张表，一目了然。通过5个步骤20个项目的了解，可以很好地对比出一只股票的投资价值。按“所属行业—发展空间—经营状况—董事长能力—科技核心竞争力”的步骤，可以将一个行业中的股票数量一层一层地淘汰，最终找到最适合投资的股票。从上表模拟两家上市公司数据进行对比发现，其中，上市公司 A 是适合投资的模拟数据，上市公司 B 为不适合投资的模拟数据。

第十课

锁定“五行股”，打好投资基本功

一、做好个股基本功

通过“选股五行法”选出股票，是不是就要马上买入？答案是否定的。“五行法”选出的股票只是你股票池中的重点关注和跟踪对象。买入一只股票是要付出真金白银的，有些投资者去商场买件几百元的衣服还要左比右比，想方设法打折优惠，买起几万元甚至上百万元的股票却草率决定，一时冲动就可能被套进去，马上产生亏损。

跟踪一只股票，需要通过3个步骤来完成：

1. 跟踪近两年股票交易情况，从中找到一定的交易波动规律

股票价格变动规律跟踪表

日期	星期	所处波段	特征	开盘价（元）	最高时间	最高价格（元）	最低时间	最低价格（元）	收盘价（元）	涨跌幅
2020-07-01	三	上涨波段	冲高回落	73	10点	75.24	14点	70.82	72.26	0.94%
2020-07-02	四	上涨波段	冲高回落	72.42	10点	74.4	14点30分	71.59	71.93	−0.46%
2020-07-03	五	上涨波段	高开高走	73.09	13点30分	79.14	10点	73.02	79.14	10.02%
2020-07-06	一	上涨波段	低开高走	79.12	13点30分	81.38	10点30分	77.2	80.69	1.96%
2020-07-07	二	上涨波段	高开低走	84.55	10点30分	88.29	15点	82.79	82.79	2.60%
2020-07-08	三	上涨波段	低开低走	81.73	10点	84.07	10点	81.65	82.54	−0.30%
2020-07-09	四	上涨波段	低开高走	82.54	10点30分	86.09	10点	81.25	84.25	1.71%

（部分数据截图）

这是我跟踪一只股票的部分数据，我统计了这只股票近两年每天的交易情况。通过观察它处于上涨波段、盘整波段还是下降波段，每天的股价最高价出现时间和最低价出现时间，通过历史K线观察从前到后每天的交易走势图，从而摸索股票的波动规律，定出第二天的交易策略。

可能这类数据，机构取得很容易，普通投资者就需要自己从交易软件中一天一天找数据，手工记录，比较费时间，但是对你做这只股票的投资决策会有较好的帮助。为何只选择两年的交易时间？是因为一个企业两年之内的变化已经很大了，K线和交易数据已经包含了很多交易数据量。有的投资者总是拿一只股票的历史最高点、最低点来分析这只股票以后能涨多少、跌多少，这是没有意义的。因为两年时间企业的经营状况、市场环境、技术水平都已经发生了很大变化，如果还用它10年前的股价来衡量目前股票的价格走势，那就太脱离现实了。

2. 关注十大流通股东变化情况

A股很多股票都存在流通股和限售股，有些股票限售股比例很高。一旦限售股解禁便可以交易它们，但会影响这只股票的供求关系。比如，一只股票原本流通股只有 3 亿股，股价 10 元，突然解禁 5 亿股，而解禁股一般都是原始股，成本 1 元。可想而知，原来市场上 30 亿元资金支撑它 3 亿股流通股的市值，现在解禁后 30 亿元资金要支撑 8 亿股流通市值。供求关系的变化，会让股价面临较大的风险。

还有一些机构投资者持有公司股票，如果突然减持，机构投资者大量减少，也是需要关注的。机构不看好出货，就要考虑这只股票的价格是不是过高，需要等待低点再买入。股东人数是关注股票集中度的重要指标，如果股东人数比前几期突然大幅增加，说明机构持股减少，短期内可能会因为筹码过于分散无法形成上涨合力。

3. 关注上市公司在其他资本市场的价格或同行业股票的价格

很多上市公司都存在 A 股、H 股、B 股或者美股，如果同一公司其 H 股的股价特别低，说明海外投资者并不看好它的成长，那 A 股的投资价值就需要考虑能不能买。比如，中芯国际这只股票原来在 H 股上市，H 股股价 20 多元。2021 年 7 月回归 A 股科创板上市，A 股上市后开盘价 51.9 元，截至 2022 年 1 月末股价只有 49.22 元，而其 H 股股价为 18.68 元。

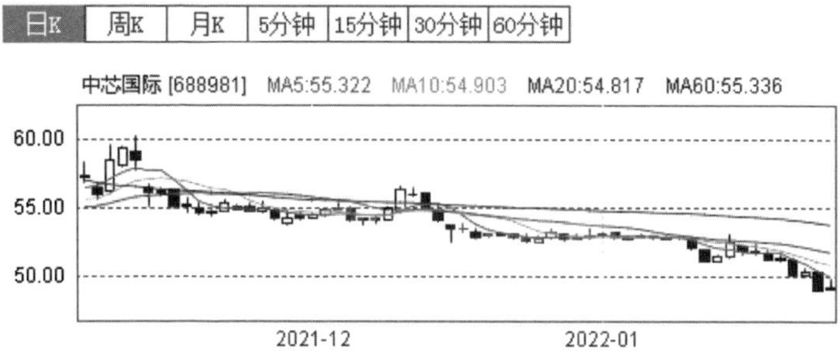

中芯国际 2022 年 1 月 A 股 K 线

中芯国际 2021 年 11 月 11 日至 2022 年 1 月 31 日 H 股 K 线

从中芯国际 A 股的投资价值就可以看出，这只股票 A 股价格过高了，在目前 A 股和 H 股资金可以通过港股通自由流动的情况下，A 股的股价明显没有投资价值。如果只看中芯国际的财务数据，其 A 股价格确实不高，但是由于超低价格的 H 股的存在，会影响 A 股的上涨动能。同一家上市公司的股票，大家肯定是愿意买便宜一半多的 H 股。

二、寻找价格洼地，顺势买入，让趋势为收益抬轿子

每只股票都有周期性波动，一般情况下优质强势股票调整周期短，上涨周期长。随着上市公司经营规模的不断扩大，股价一两年就会翻倍，比较适合长期持有不断收割利润。而弱势普通股票一般几年才有一次大行情，行情过后股价往往又跌回原地，这类股票只适合中短线持有。我们前面通过“选股五行法”就是要选出优质强势股，有利于在期长线上涨中不断收割“韭菜”，优质强势股往往可遇而不可求，一旦发现就要大胆进仓。

下面我们举个普通股股票的例子——中船防务：

中船防务 2017 年至 2022 年 H 股 K 线

中船防务 2016 年 10 月至 2021 年 2 月 A 股 K 线

中船防务这只股票属于军工股，因为中船系合并后一直下跌，是我比较关注的板块。2020 年 3 月 27 日港股中船防务下跌创出新低 3.7 元，而其 A 股并没有创出新低，股价 13.93 元，很明显是 H 股市场被严重低估。我在 4 元买入，因为该股 2019 年年末每股净资产就高达 7.18 元，每股收益 0.38 元。对于国家重点支持准备合并做大做强的军工企业来讲，这个股价是非常低的。所以买入后正好是其探底回升阶段，持股 4 个月一直上涨，7 月最高涨到 14.08 元，比我买入股价增长了 2.52 倍。但这只股票从根本上看还是属于弱势股，创阶段新高后就需要及时卖出。否则风口一过去，股价自然会继续回落。截至 2022 年 1 月末股价又回落至 6.75 元。所以这种普通弱势股票如果不顺势而为高点卖出，其冲高回落后就相当于到手的韭菜没割，等到秋天就黄了。

优质强势股案例——新能源汽车股比亚迪：

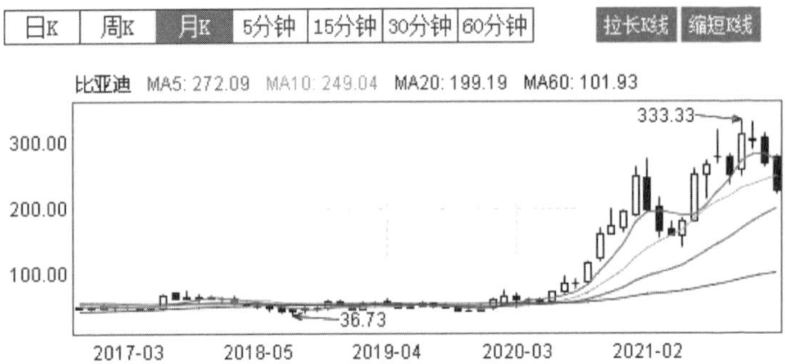

比亚迪 2017 年 3 月至 2021 年 2 月 A 股 K 线

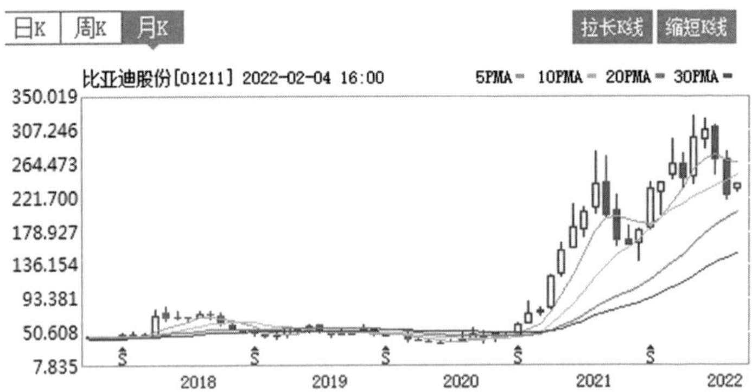

比亚迪 2017 年至 2022 年 H 股 K 线

这只股票是我按照“选股五行法”选出的优势股，准备长期持有。2020 年 3 月，美国特斯拉股价连创历史新高，而比亚迪却走出破位行情，作为国内新能源汽车一哥，它完全符合“选股五行法”的所有特征。还有非常重要的一点，就是当时国内疫情刚开始，比亚迪在疫情期间 7 天就制造出口罩机，一个月就成为国内口罩产量最大的企业，这种快速转型能力和市场洞察能力是相当强的，当时的价格绝对是价值投资的洼地。而其推出的刀片电池也成为新能源汽车电池的革命性产品，将其最新开发的“比亚迪·汉”打造成国内技术最领先、电池最安全、设计最潮流的新能源销量王。港股当时价格才 34 元，股神巴菲特都入股并长期持有，所以站在巨人的肩膀上选择对比亚迪投入，安全系数非常高。果然不出所料，到 2020 年 9 月股价已经涨到 121.3 元，由于国庆长假休息 7 天，所以当时我选择卖出。没想到 7 天过后继续高歌猛进，10 月 9 日开盘价 128 元。还好当时比亚迪 A 股开盘价 122 元，我果断掉头买入 A 股比亚迪，最终该股最高涨到 333.33 元。截至 2022 年 1 月收盘 226.8 元。长期持有它，并在它的波段调整中不断收割利润，这只股票能够给投资者带来非常惊人的利润。

三、保留 100 股，永远不清仓

我买过的股票不管盈利还是亏损，最终清仓时都要留下 100 股作为留念。因为有 100 股持仓就不会错过这只股票的一些推送信息，同时记录着这只股票的交易情况、收益情况，有利于回顾和总结在这只股票上投资的经验和教训。久而久之，我持仓中的股票数量都有几十只了，很多股票的收益率都是百分之几百甚至几千（因为 100 股的持仓成本很低，而与原来产生的收益相比 100 股持仓成本非常高）。俗话说“好马不吃回头草”，但在证券市场，习惯吃回头草才能创造更高的利润率。因为“草”是会随着季节、时节不断恢复生长的，自己吃过的“草”更熟悉，吃起来往往风险小、收益大。留下 100 股就相当于你留下了随时投资这只股票的优惠券。当然也有一些股票在你投资结束退出后，其成长性也真的枯竭了，从原来的成长股变成了衰退股甚至亏损准备退市股。我就有一只股票卖出后过了很多年，发现这只股票股价只剩下 0.02 元了。我当时留的几百股也就几元，股票已经进入了退市整理期。当时我感慨万分，有种白发人送黑发人的伤感。虽然它当时没有给我创造多少利润，但是也曾经陪伴自己走过一段投资里程。所以我又专门花了 40 元买入了 2000 股，算是送它一程吧。人们说股市是无情的赌场，我并不认同。市场经济竞争本来就是非常激烈和残酷的，打造一个百年企业是非常困难的，大部分中小企业能够生存下来就非常不易了。没有一家上市公司上市第一天就想破产退市的，成熟的投资人不应该对一些无路可走的企业家落井下石，网上谩骂。“君子不立于危墙之下”，不看好企业的发展就应该早点儿果断退出投资，谩骂和补仓只会让自己陷入亏损的无底洞。

课程小结

好的股票在好的时机买入，才能取得好的利润。通过“选股五行法”选择出股票，但不要着急买入，必须在做好个股基本功的情况下，择机而入。投资者就像一只猎豹一样，潜伏下来牢牢盯紧它，等待时机成熟时迅速出动，才能获取高额利润。

第十一课

高抛低吸，用短线高频交易获得超额滚动利润

在第二课“培养4个特质，走向理性投资成功路”中，讲“用铁一般的交易执行力来规避市场风险”时，较为详细地讲解了何种投资者适合采取什么样的投资周期来投资。一般分为短线高频交易、中线低频交易、长期趋势投资3种交易周期应采取的交易策略。

一、短线高频交易之模拟 T+0 式的高频交易方式

模拟 T+0 式的高频交易方式就是利用长期持有股价格波动特点，通过日内高抛低吸的特点，来实现降低投资成本，扩大利润空间的短线滚动利润手法。这种短线策略分为上升波段期策略和下降波段期策略。这个战法需要

盯盘操作，如果没有时间盯盘不建议操作，同时交易费率要低，券商收取的佣金费率建议不要超过万分之二。

上升波段是指股价在该股票周 K 线的 5 周均线上方，且从日 K 线来看，5 日均线在 10 日均线上方。

下降波段是指股价在该股票周 K 线的 5 周均线下方，且从日 K 线来看，5 日均线在 10 日均线下方。

最佳建仓时间：对于手中无股准备短线建仓买入通过“选股五行法”选择出的股票，短期最佳买入点可以选择在上升波段初期买入。即该股票股价在经过下跌波段后，股价反弹日 K 线 5 日均线上穿 10 日均线，且股价站上日 K 线上方时。

比亚迪 2021 年 1 月至 2022 年 2 月 8 日周 K 线

比亚迪 2021 年 1 月至 2022 年 2 月 8 日日 K 线

比如，从比亚迪这只股票的周 K 线图可以看出，图中每个柱子代表一周的价格区域，那么日 K 线图中每个柱子就代表一天的价格区域。两个图中黑色线代表 5 周或者 5 日的平均股价走势。

上升波段就是指周 K 线每周的柱子代表的股价收盘价在 5 周均线（黑色线）上方，同时，日 K 线的 5 日均线（黑色线）在 10 日均线（白色线）上方。那么图中符合这个特征的时期有很多段。2021 年 1 月到 2 月段、2021 年 6 月到 8 月段等都是非常适合的上涨波段。同理，2021 年 2 月至 5 月就是非常适合的下跌波段。

（1）上升波段“割韭菜”的重点是永远保持半仓左右仓位，日内做 T（差价）降低持股成本。在前面做好个股基本功里已经要求做好个股两年内每个波段每日最高最低点的统计工作，通过连续的复盘和研究，对所持有的长期“韭菜股”第二天开盘前就已经做好了应对各种走势操作的基本预案。

开盘股价大幅低开，这时候要紧盯量比指标，一旦成交量猛增后，空方力量有所缩量就马上加仓，等待股价反弹后卖掉抄底的筹码。具体操作就是前一日手中五成仓位，今日抄底二点五成仓位，当反弹后卖出前一天在手的二点五成仓位。因为 A 股当日买入部分不能卖出。

开盘股价大幅高开，上涨波段的强势股高开很容易高走，一定要谨慎操作。如果高开后成交量突然放大，又快速缩量，这个时候可以减半仓（也就是前日的五成仓减一半），等待其下跌后，找放大量下跌的时刻补回所减仓位。

横盘整理走势，如果盘中突然放量，要关注放量后缩量的情况。如果没有后续量能跟随，可减半仓，寻找下跌放量时补回减持仓位。

上升波段操作重点：

一是只要收盘价在 5 日均线上方就要确保收盘时还持有五成仓位。

二是紧盯开盘黄金半小时。上涨波段往往股票开盘后半小时价格变动幅度最大，这个时候也是最容易通过五成仓位进行“割韭菜”的。

三是如果判断失误错过高点或低点则多看少动。比如，开盘高开时没有及时卖出，那么就不要在股价已经跌回来时继续减仓。同理，错过低点补仓机会，股价已经反弹回来时也没有必要继续补仓，再找减仓机会了。

四是做错了要及时改正。比如，高开后卖了，结果股价没有回调，仓位减少了一半，这个时候在收盘前即使追高也一定要补回部分仓位。因为是上升波段的股票，也是准备长期持有的股票，绝对不能因为“割韭菜”失败而导致仓位过低。

五是有利就好，切勿过贪。一般股票很难经常涨停，特别是这种长牛股，一年涨停两三次就不错了。因此，一般快速拉升都不会涨停，或者达到涨停也不会封死涨停。这个时候往往需要快速减仓，同理跌停就更少了，如果快速下跌，也是补仓的好机会。一般做一次短线差价有 1% ～ 3% 的利润就非常不错了，过贪容易错过买卖机会，反而推高成本。

六是如果没有时间做短线差价，宁可持股不动，也不要在没时间盯盘时随意操作，这也是最关键的一点。因为上升波段的长期“韭菜”，你不来回做差价，它依然是会保持上涨状态的，只要股价不破日 K 线的 5 日均线就可继续持有。

（2）下降波段“割韭菜”的重点是仓位不超过二点五成，见暴跌补仓，反弹就走。开盘股价大幅低开，这时候不要着急抄底，下降波段往往低开后还会继续低走，一般等跌幅超过 3% 左右，垂直快速下跌时可以买入二点五成仓位，反弹 2% 时可找高点减仓回到二点五成仓位。切记抄底仓位不要超过前日已有仓位。这样可以保持二点五成仓位不增加。

开盘股价大幅高开，一般遇到上方压力线，如日 K 线的 5 日均线或小时线的 10 小时均线都要马上减仓一半，等待回调 2% 左右后再买回已减持部分。

横盘整理走势，如果盘中突然放量，要关注放量后缩量的情况，如果没有后续量能跟随，可减半仓，寻找下跌放量时补回减持仓位。

下降波段操作重点：

一是下降波段每日收盘持仓一定不能超过二点五成。

二是紧盯开盘高开就减半，接回时间段一般放在 2 点 30 分左右，如果没有合适的补仓时间可以放在次日补仓。

三是下跌减持后，补仓可多贪一点下跌空间。一般下跌过程的股票底部确认需要等待，因此，减持后不要急于补回，可以多等一等。如果上涨波段 2% 差价就非常不错，那么下降波段可以放宽至 3% 差价。

四是下跌波段虽然操作有时也会亏损，这样的操作目的是减少亏损、降低持仓成本。因为用“选股五行法”选出来的“韭菜股”是需要长期持有的，往往从大趋势来看是上涨周期远大于下跌周期的，通过波段操作的目的是关注股票，等待再次重仓时机。

五是如果跌破重要支撑位，一定要加大补仓力度。比如，突然破月 K 线的 5 月均线至少加仓到四成，破 10 月均线加仓到六成仓位。

六是下跌过程中该只股票基本面依然满足“选股五行法”的标准，这是最重要的一点。如果该股票已经无法满足“选股五行法”标准，那么在该股票第一次跌破日 K 线的 5 日均线后就可以离场，不再增持。

模拟实战案例

用中国核电 2021 年 12 月 13 日至 2022 年 1 月 10 日这段行情理想化操作来模拟。从短线建仓点来看，12 月 13 日为短期比较合适的建仓点，满足 5 日均线向上交叉 10 日均线，且股价收于 5 日均线上方。

中国核电短线“割韭菜”战略模拟操盘记录表

日期	收盘价（元）	所属波段	开盘特征	涨跌幅	操作	买入股价（元）	数量（股）	卖出股价（元）	数量（股）	持仓数量（股）	资金（元）	总资产（元）
2021–12–12	6.9	上升波段								8000	44800	100000
2021–12–13	7.21	上升波段	高开	4.49%	高卖低接	7.15	4000	7.2	4000	8000	44959.72	102638.2
2021–12–14	7.2	上升波段	低开	−0.14%	低买高卖	7.12	4000	7.2	4000	8000	45199.51	102797.2
2021–12–15	7.27	上升波段	高开	0.97%	低买高卖	7.14	4000	7.3	4000	8000	45798.76	103955.2
2021–12–16	7.49	上升波段	高开	3.03%	高卖低接	7.43	4000	7.5	4000	8000	46036.82	105955.4
2021–12–17	7.58	上升波段	高开	1.20%	高卖低接	7.6	4000	7.8	4000	8000	46793.3	107430.9
2021–12–20	7.33	上升波段	低开	−3.30%	低买高卖	7.3	4000	7.4	4000	8000	47151.94	105788.5
2021–12–21	7.74	上升波段	高开	5.59%	低买高卖	7.28	4000	7.7	4000	8000	48789.15	110703.5
2021–12–22	7.77	上升波段	平开	0.39%	低买高卖	7.68	4000	7.8	4000	8000	49225.57	111381.4
2021–12–23	8.05	上升波段	低开	3.60%	低买高卖	7.7	4000	8	4000	8000	50381.01	114774.4

续表

日期	收盘价（元）	所属波段	开盘特征	涨跌幅	操作	买入股价（元）	数量（股）	卖出股价（元）	数量（股）	持仓数量（股）	资金（元）	总资产（元）
2021-12-24	8.25	上升波段	高开	2.48%	高卖低接	8.3	4000	8.5	4000	8000	51133.57	117123.9
2021-12-27	8.45	上升波段	高开	2.42%	高卖低接	8.4	4000	8.9	4000	8000	53004.22	120591.6
2021-12-28	8.39	上升波段	低开	-0.71%	低买高卖	8.1	4000	8.3	4000	8000	53757.9	120865.4
2021-12-29	8.03	下降波段	低开	-4.29%	低买高卖	7.98	4000	8	8000	4000	85994.43	118108.7
2021-12-30	8.43	下降波段	低开	4.98%	低买高卖	8.08	2000	8.4	2000	4000	86611.04	120324.6
2021-12-31	8.3	下降波段	低开	-1.54%	低买高卖	8.35	2000	8.6	2000	4000	87087.06	120281.4
2022-1-4	8.16	下降波段	低开	-1.69%	高卖低接	8.2	2000	8.4	2000	4000	87463.62	120097
2022-1-5	7.6	下降波段	低开	-6.86%	高卖低接	7.6	2000	7.9	2000	4000	88041.62	118436.4
2022-1-6	7.71	下降波段	低开	1.45%	低买高卖	7.4	2000	7.7	2000	4000	88620.18	119455.6
2022-1-7	7.43	下降波段	低开	-3.63%	高卖低接	7.5	2000	7.7	2000	4000	88998.7	118714.8
2022-1-10	7.38	下降波段	低开	-0.67%	低买高卖	7.4	2000	7.5	2000	4000	89077.86	118594.9

根据上表我们可以按照上升波段和下降波段进行操作。如果长期持股不动，该股票 2021 年 12 月 12 日股价 6.9 元，2022 年 1 月 10 日收盘股价 7.38 元，持股 8000 股，盈利为 3840 元。如果按照短线高频操作，其盈利为 18584.9 元（已扣除交易手续费），是持股不动收益的 4.83 倍。上面案例是相对理想化状态，实际操作的难度很大，需要投资者通过模拟盘或者小仓位长期实践，摸清个股趋势变化规律，才能够提高短线高频交易的成功率。

课程小结

短线高频交易割韭菜战法

决策	上涨波段	下跌波段
定义	周股价在该股票周 K 线的 5 周均线上方，且从日 K 线来看，股价在 5 日均线上方或 5 日均线在 10 日均线上方	股价在该股票周 K 线的 5 周均线下方，且从日 K 线来看，股价在 5 日均线下方或 5 日均线在 10 日均线下方
操盘股票	“选股五行法”选出的股票	
交易条件	券商佣金不高于万分之二	
每日保底仓位	50%	25%

续表

决策	上涨波段	下跌波段
大幅低开	紧盯量比指标，一旦成交量猛增后空方力量有所缩量就马上满仓，等待股价反弹后买进抄底的筹码。意思就是前一日手中五成仓位，今日抄底二点五成仓位，当时反弹后卖出前一天在手的二点五成仓位。因为A股当日买入部分不能卖出	开盘股价大幅低开，这时候不要着急抄底，下降波段往往低开后还会继续低走，一般等跌幅超过3%左右，垂直快速下跌时可以买入二点五成仓位，反弹2%时可找高点减仓回到二点五成仓位。切记抄底仓位不要超过前日已有仓位。这样可以保持二点五成仓位不增加
大幅高开	上涨波段的强势股高开很容易高走，一定要谨慎操作。如果高开后成交量突然放大，快速缩量，这个时候可以减半仓（也就是前日的五成仓减一半），等待其下跌后，找放大量下跌的时刻补回所减仓位	开盘股价大幅高开，一般遇到上方压力线，如日K线的5日均线或小时线的10小时均线都要马上减仓一半，等待回调2%左右后再买回已减持部分
小幅平开	棋盘整理走势，如果盘中突然放量，要关注放量后缩量的情况，如果没有后续量能跟随，可减半仓，寻找下跌放量时补回减持仓位	横盘整理走势，如果盘中突然放量，要关注放量后缩量的情况，如果没有后续量能跟随，可减半仓，寻找下跌放量时补回减持仓位
日内操盘重点	只要收盘价在5日均线上方就要确保收盘时还持有五成仓位	下降波段每日收盘持仓一定不能超过二点五成仓位
	紧盯开盘黄金半小时，上涨波段往往股票开盘后半小时价格变动幅度最大，这个时候也最容易通过二点五成仓位进行“割韭菜”创造收益	紧盯开盘高开就减半，接回时间段一般放在2点30分左右，如果没有合适的补仓时间可以放在次日补仓

续表

决策	上涨波段	下跌波段
日内操盘重点	如果判断失误，错过高点或低点，则多看少动。比如，开盘高开时没有及时卖出，那么就不要在股价已经跌回来时继续减仓。同理错过低点补仓机会，股价已经反弹回来时也就没有必要继续补仓再找减仓机会	下跌减持后，补仓可多贪一点下跌空间。一般下跌过程的股票底部确认需要等待，因此，减持后不要急于补回，可以多等一等，如果上涨波段2%差价就非常不错，那么下降波段可以放宽至3%差价
	做错了要及时改正。比如，高开后卖了，结果股价没有回调，仓位减少了一半，这个时候在收盘前即使追高也一定要补回部分仓位。因为是上升波段的股票，也是准备长期持有的股票，绝对不能因为“割韭菜”失败而导致空仓	下跌波段虽然操作有时也会亏损一点，这样的操作目的是减少亏损、降低持仓成本。因为用“选股五行法”选出来的“韭菜股”是需要长期持有的，往往从大趋势来看是上涨周期远大于下跌周期的，通过波段操作的目的是关注股票，等待再次重仓时机
	有利就好，切勿过贪。一般股票很难经常涨停，特别是这种长牛股，一年涨停两三次就不错了。因此，一般快速拉升都不会涨停，或者达到涨停也不会封死涨停，这个时候往往需要快速减仓，同理跌停就更少了，如果快速下跌也是补仓的好机会。一般做一次短线差价有1%～3%的利润就非常不错了，过贪容易错过机会，反而推高成本	如果跌破重要支撑位，一定要加大补仓力度。比如，突然破月K线的5月均线至少加仓到四成，破10月均线加仓到六成仓位

续表

决策	上涨波段	下跌波段
日内操盘重点	最关键的一点，如果没有时间做短线差价，宁可持股不动，也不要在没时间盯盘时随意操作。因为上升波段的长期“韭菜”你不割差价，它依然是会保持上涨状态的，只要股价不破日K线的5日均线就可继续持有	最重要的一点，下跌过程中该只股票基本面依然满足“选股五行法”的标准。如果该股票已经无法满足“选股五行法”标准，那么在该股票第一次跌破日K线的5日均线后就可以离场，不再增持

第十二课

顺势而为，用中线低频交易获得稳定利润

上一课的短线高频交易对普通上班族来说并不太适合，因为它需要精力高度集中，交易时段认真盯盘，寻找每一次短线获利机会。上班族本职工作较忙的话很难做到。中线低频交易操作是比较适合上班族的股票投资方法。这种操作策略偏重于趋势操作，顺势而为。只要严格执行交易规则，其获利成功率也比较高。本节课对个股上涨波段和下跌波段的判断与上节课一样，交易策略是根据每周五收盘前的股价情况来确定是否增减仓位，基本上一周只交易一次或不交易。

（1）上升波段的重点是股价在周 K 线的 5 周均线上方永远保持至少六成仓位。如无极端行情，不必过分关注周内股价的涨跌幅度，只需要关注周五收盘前股价情况为操作依据。只要周五收盘股价在周 K 线的 5 周均线

上方可继续持股不动。如股价跌破周 K 线的 5 周均线则减仓四成，只剩余二成仓位。

最佳建仓时间：当我们手中无股，准备中线建仓买入，要通过“选股五行法”选择出股票，中线最佳买入点可以选择在上升波段初期买入，即该股票股价在经过下跌波段后，股价反弹，周 K 线 5 周均线上穿 10 周均线，且股价站上周 K 线的 5 周均线上方时。

上升波段操作重点：

一是只要处于上涨波段就至少持有六成仓位。

二是周内如果出现大幅下跌，股价已有跌破周 K 线的 5 周均线趋势，可以提前减二成仓位。等待周五时看股价能否站上 5 周均线来确定是否增减仓位。

三是一定要保证每周最后一个交易日下午的交易时间，确保交易和仓位方向准确。

四是富余的四成现金仓位，遇到突然大跌没来得及减仓时可做回调后的补仓操作。这部分资金为急救钱，杀完“回马枪”（抄底反弹）要及时卖出仓位以备急需。

（2）下降波段的重点是股价周 K 线的 5 周均线下方保持仓位不超过二成。如无极端行情，不必过分关注周内股价的涨跌幅度，只需要关注周五收盘前股价情况为操作依据。只要周五收盘股价在周 K 线的 5 周均线下方可继续持股不动。如股价上涨收在周 K 线的 5 周均线上方，则有转为上涨趋势可能，增加二成仓位至四成。

下降波段操作重点：

一是只要处于下降波段每周仓位不超过二成。

二是周内出现大幅上涨，股价已有突破周 K 线 5 周均线趋势，可提前加仓二成。等待周五时看股价能否站上 5 周均线，来确定是否增减仓位。

三是下跌过程中该只股票基本面依然满足“选股五行法”的标准，这是最重要的一点。如果该股票已经无法满足“选股五行法”标准，那么在该股票第一次跌破日 K 线的 5 日均线后就可以离场，不再增持。

四是富余的八成现金仓位不要挪用，要耐心等待中线抄底机会。对于急跌可以补二成仓位，遇反弹及时退出，降低持仓成本。

模拟实战案例

中国核电中线模拟操盘记录表

日期	星期	收盘价（元）	所属波段	收盘特征	操作	持仓数量（股）	资金（元）	总资产（元）	仓位
2021–12–12	日	6.9	上升波段			8000	44800	100000	55.2%

续表

日期	星期	收盘价（元）	所属波段	收盘特征	操作	持仓数量（股）	资金（元）	总资产（元）	仓位
2021-12-17	五	7.58	上升波段	收在5周均线上方	持股不动	8000	44800	105440	57.5%
2021-12-24	五	8.25	上升波段	收在5周均线上方	持股不动	8000	44800	110800	59.6%
2021-12-31	五	8.3	上升波段	收在5周均线上方	持股不动	8000	44800	111200	59.7%
2022-1-7	五	7.43	下降波段	收在5周均线下方	减仓到二成仓位	2000	89380	104240	14.3%
2022-1-14	五	7.37	下降波段	收在5周均线下方	保持二成仓位不动	2000	89380	104120	14.2%
		盈利4120元		如不减仓持股不动盈利为3760元					

用中国核电2021年12月13日至2022年1月10日这段行情理想化操作来举例，从中线建仓点来看，12月13日为中线和短期一样都是比较合适的建仓点，满足5日均线向上交叉10日均线，且股价收于5日均线上方。

根据上表，按照上升波段和下降波段的操作来举例，如果长期持股不动，该股票 2021 年 12 月 12 日股价 6.9 元，2022 年 1 月 14 日收盘股价 7.37 元，持股 8000 股，盈利为 3760 元。如果按照中线低频交易操作，其盈利为 4120 元（未剔除交易手续费），是持股不动收益的 1.09 倍。这个操作中线相对较短，如果时间拉长收益率会比持股不动更明显，同时相比短线高频交易方式，中线低频相对稳定且消耗精力较少。

课程小结

中线低频交易战法（周五战法）

决策	上涨波段	下跌波段
定义	周股价在该股票周 K 线的 5 周均线上方，且从日 K 线来看，股价在 5 日均线上方或 5 日均线在 10 日均线上方	股价在该股票周 K 线的 5 周均线下方，且从日 K 线来看，股价在 5 日均线下方或 5 日均线在 10 日均线下方
操盘股票	“选股五行法”选出的股票	
交易条件	券商佣金不高于万分之二	
每周保底仓位	60%	20%
重要交易参考时点	每周最后一个交易日收盘前半小时	

续表

<table>
<tr><th>决策</th><th>上涨波段</th><th>下跌波段</th></tr>
<tr><td>本周收盘股价预计在周 K 线的 5 周均线上方</td><td>保持上涨趋势，保持六成仓位不动</td><td>有转为上涨趋势可能，增加二成仓位，至四成</td></tr>
<tr><td>本周收盘股价预计在周 K 线的 5 周均线下方</td><td>可能短期见顶，减少四成仓位，持有二成仓位</td><td>仍在下跌波段，保持二成仓位不动</td></tr>
<tr><td rowspan="4">中线低频操盘重点</td><td>只要处于上涨波段，就至少持有六成仓位</td><td>只要处于下降波段，每周仓位不超过二成</td></tr>
<tr><td>周内如果出现大幅下跌，股价已有跌破周 K 线的 5 周均线趋势，可以提前减二成仓位，等待周五时看股价能否站上 5 周均线来确定是否增减仓位</td><td>周内出现大幅上涨，股价已有突破周 K 线 5 周均线趋势，可提前加仓二成，等待周五时看股价能否站上 5 周均线来确定是否增减仓位</td></tr>
<tr><td>一定要保证每周最后一个交易日下午的交易时间，确保交易和仓位方向准确</td><td>最重要的一点，下跌过程中该只股票基本面依然满足“选股五行法”的标准。如果该股票已经无法满足“选股五行法”标准，那么在该股票第一次跌破日 K 线的 5 日均线后就可以离场，不再增持</td></tr>
<tr><td>富余的四成现金仓位遇到突然大跌没来得及减仓时可做回调后的补仓操作，这部分资金为急救钱，杀完“回马枪”（抄底反弹）要及时卖出仓位以备急需</td><td>富余的八成现金仓位不要挪用，要耐心等待中线抄底机会，对于急跌可以补二成仓位，遇反弹及时退出，降低持仓成本</td></tr>
</table>

第十三课

旁观者清，用长线趋势投资获得长期收益

长期投资者，是指对中、短线交易不敏感，只想通过投资股票的成长性，来长期获取公司成长带来的红利和回报的投资者。这种投资者可以采取旁观者清的长线趋势投资方式。这个操作重在长期持股，不做股价的波动交易，持股时间接近该股的全部成长周期。对股价小的波动可以忽略不计，重点在于股票的基本面研究，只要上市公司依然符合“选股五行法”的条件，就要长期持有，忽视股价在其成长期的波动。直到其市值成长空间不大，已经不符合“选股五行法”的选股标准时卖出。

然而，我们对一家上市公司是否已经达到市值天花板，是非常难以判断的。一定要结合上市公司的中长期战略、市场份额、技术积累等多方面来考虑。一般而言，如果未来 3 ～ 5 年内企业预计能够创造的利润无法稀释

其当前的市盈率，达到行业平均水平，那么，其股价就可能已经面临中长期顶部。一家上市公司股价头部区域的形成，可从 3 方面来判断。

一、行业变局，没有新的利润增长点，属于长期顶部

一个行业发展空间往往伴随着技术的进步和消费习惯等方面的变化。一般我们把旧的行业发展格局称为传统行业，而把技术变革带来的行业变局称为新兴产业。在目前科学技术快速更新迭代的今天，一些行业的发展变化日新月异。

拿芯片技术来说，在国内主要还是 28 纳米生产技术的情况下，国际领先水平已经达到 5 纳米的成熟技术。所以国内的 28 纳米芯片根本无法支撑目前市面的手机基本配置的需求。相对于台积电的芯片生产技术，中芯国际就属于相对落后的产能。而从市场表现来看，台积电股价近 10 年一直处于上升趋势，因为它是行业技术的领军企业。而中芯国际从去年开始股价就处于冲高回落状态，因为它的技术受限，无法打入芯片高端市场。台积电和中芯国际只是芯片制造技术迭代的差距问题。

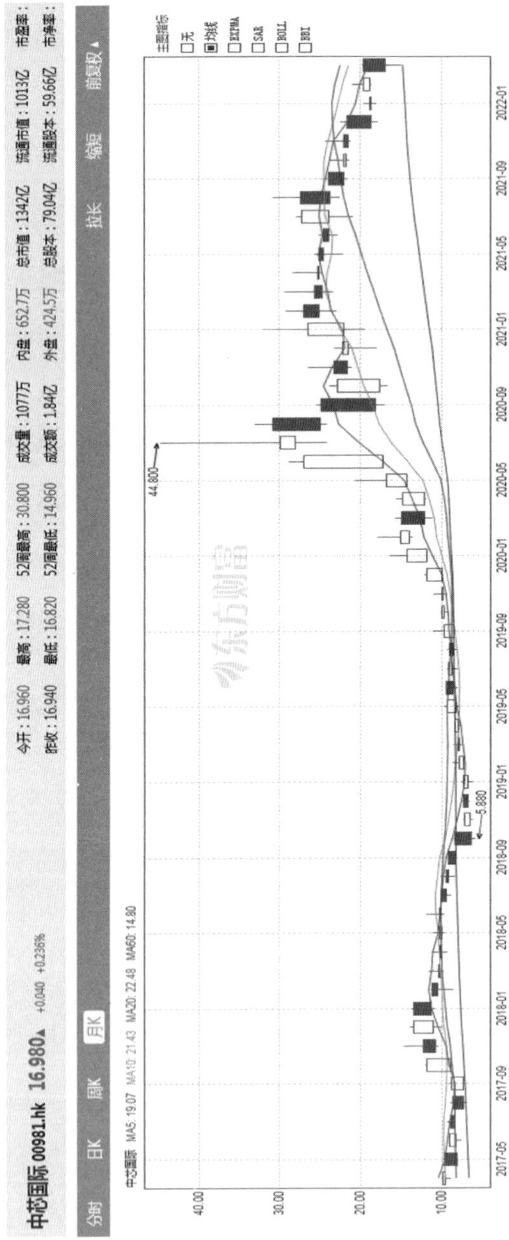

中芯国际 2017 年 5 月至 2022 年 1 月 K 线

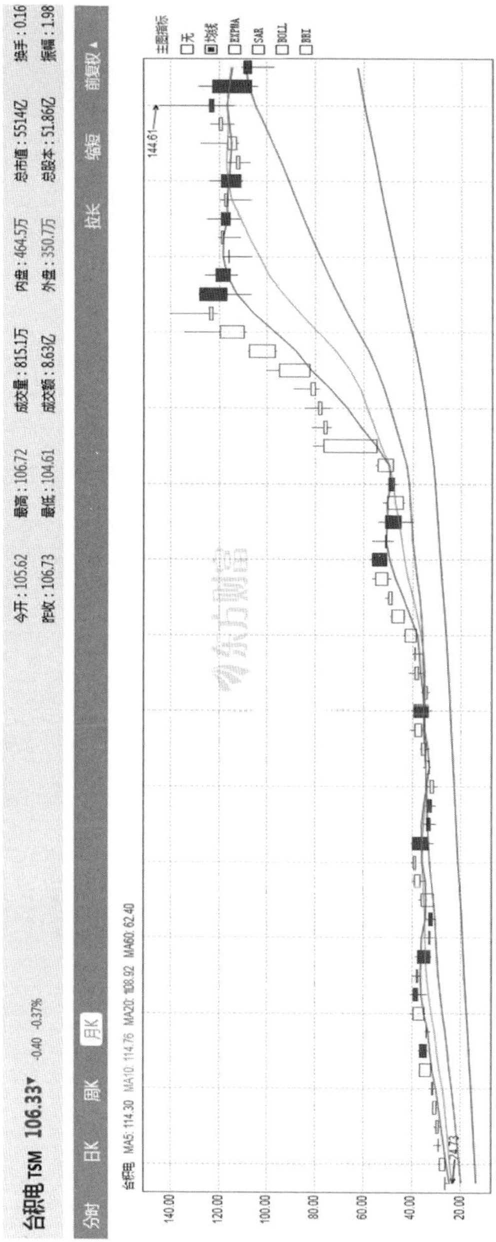

台积电 2017 年 5 月至 2022 年 1 月月 K 线

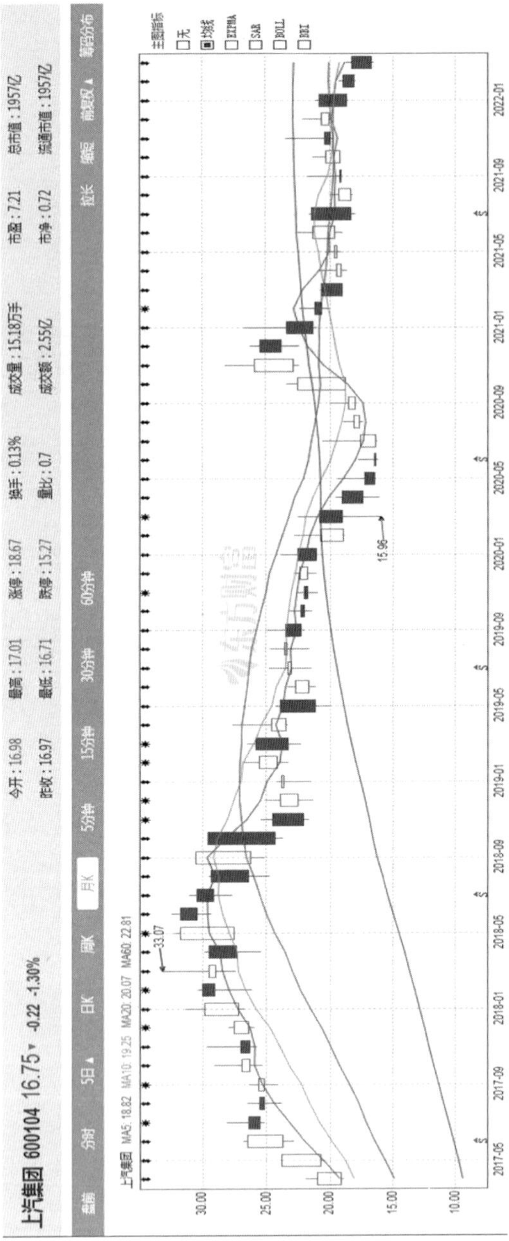

上汽集团 2017 年 5 月至 2022 年 1 月月 K 线

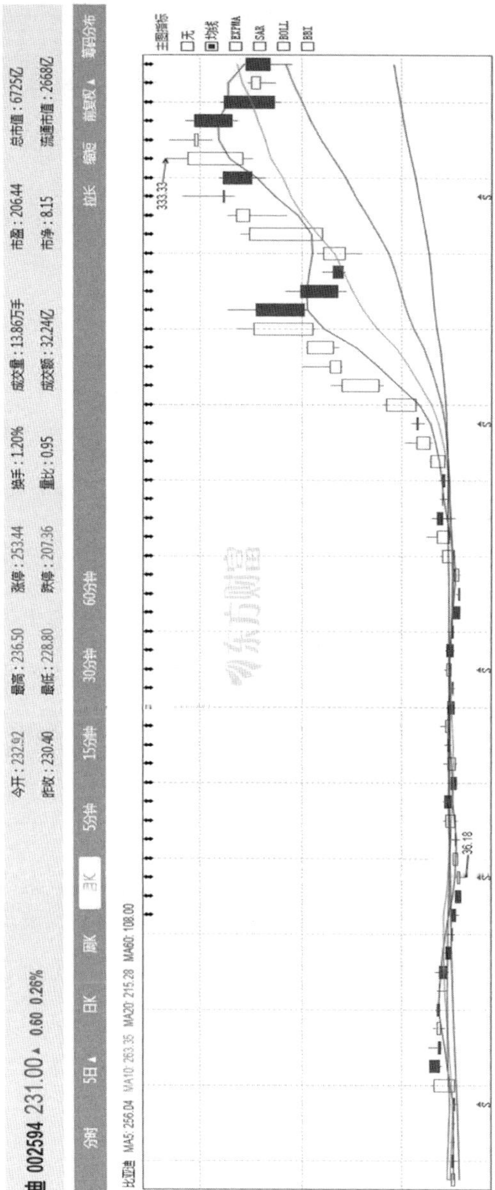

比亚迪 2017 年 5 月至 2022 年 1 月月 K 线

而在汽车行业，燃油车和新能源车的差距就更加明显了。上汽集团曾经是中国第一大市值车企，销售收入雄踞榜首。比亚迪近年来紧紧围绕国家的新能源产业布局，大力发展插电混动汽车和纯电汽车，最终实现了新能源汽车领域市场占有率国内第一。于是，新能源汽车和燃油汽车在技术路线上有了革命性的区别。从技术路线划分，上汽集团就属于传统汽车制造行业，而比亚迪就属于汽车行业的新兴产业。新能源车代替燃油汽车是全球的大势所趋，可以想象未来 10 年之内，新能源车可能替换燃油车市场。那时新能源的市场空间是非常巨大的，而比亚迪作为新能源汽车的领导者，它的市场估值也因此远远高于上汽集团。这就相当于当年的苹果手机出现以后，很快就蚕食了诺基亚手机的市场份额，其实是一个道理。如果你投资的是上汽集团，那么当比亚迪的新能源汽车技术出现，其市场份额不断快速增长时，上汽集团作为被新能源技术淘汰的燃油车估值见顶将是必然。上汽集团属于落后产能的上市公司，即使它股价大幅下跌后有反弹的空间，在基本面没有好转的情况下，是并不具备长期投资价值的。

二、股价透支未来，没有增量资金支撑股价上行，属于中期顶部

随着行业格局的变化，股价的超预期上涨可能造成股票的中期顶部。任何股价的上涨都应该是基于上市公司做大做强，盈利能力提高而产生的。但市场总是会有犯错的时候，如市场极度看好上市公司发展前景，过分追捧，甚至人为炒作，很容易导致股票的价格远超上市公司近 3 年的盈利水平。这个时候虽然上市公司依然有成长空间，但是它的股价已经产生了很大的泡沫。一方面，上市公司需要提升自身盈利能力，扩大市场份额，来提高公司股价的支撑能力；另一方面，市场经济无形的手也通过供求关系的变化来调整其股价回归基本面，挤掉多余的泡沫。对于上市公司股价远超过其正常投资价值的，投资者还应该继续跟踪观察该上市公司的投资价值，在其股价泡沫破裂后及时抄底回补。

比亚迪汽车 2021 年的走势就是这样。在股价见顶 333 元后，短期市盈率已经高达 200 多，透支了其公司近两年的利润水平，股价涨得过快，缺乏投资资金追捧的情况下，股价迎来了回归。但这种回归只是短期泡沫破

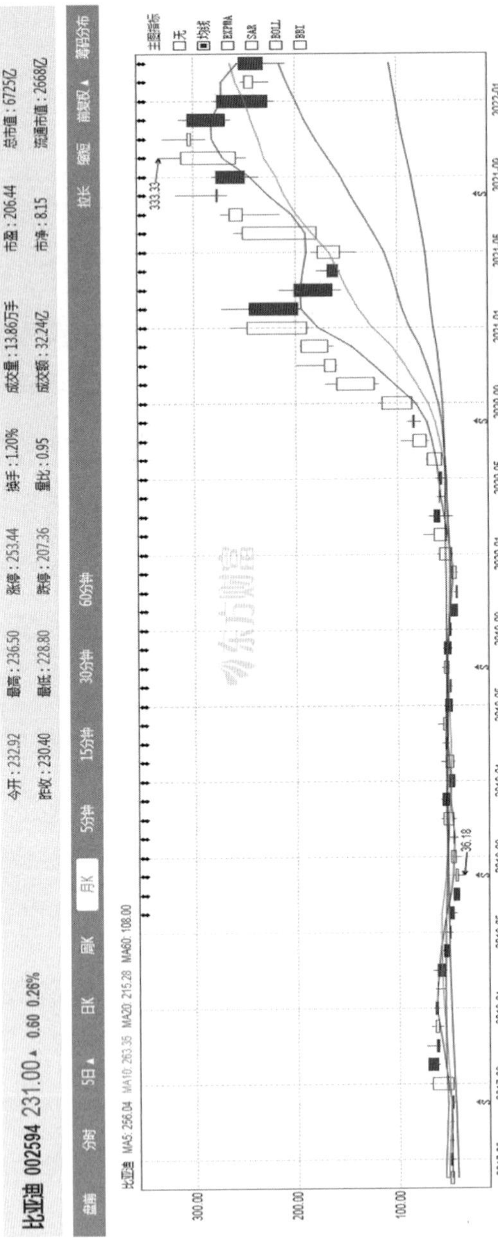

比亚迪 2017 年 5 月至 2022 年 1 月月 K 线

裂，该股的成长空间还很大，投资应该继续追踪，在泡沫清理后继续抄底持有。

很多高成长的大牛股都存在比亚迪这样的情况，市场集体看好就会导致股价飞速上涨，脱离它近两三年的成长空间，产生泡沫。但是随着企业市场规模的持续扩大，盈利能力的不断提高，经过几个月的泡沫破裂，股价回归后，后市依然会重新走牛，甚至创出更大的上涨空间。

三、突发黑天鹅事件，导致股价大跌，属于短期顶部

在观察上市公司的股份趋势时，可能发生一些突发性事件。比如，上市公司的一些临时的负面消息，甚至同行业的一些负面消息，都可能会导致上市公司短期内股价大跌。但是投资者应该清楚地认识到，这种黑天鹅事件，只要不影响上市公司的成长空间，就不会改变近两年上市公司的盈利能力和市场份额的增长速度。那么，这个调整就属于短期的。我们在这个时候就应该在短期暴跌后及时抄底。

比如，宁德时代这家上市公司其下属子公司湖南邦

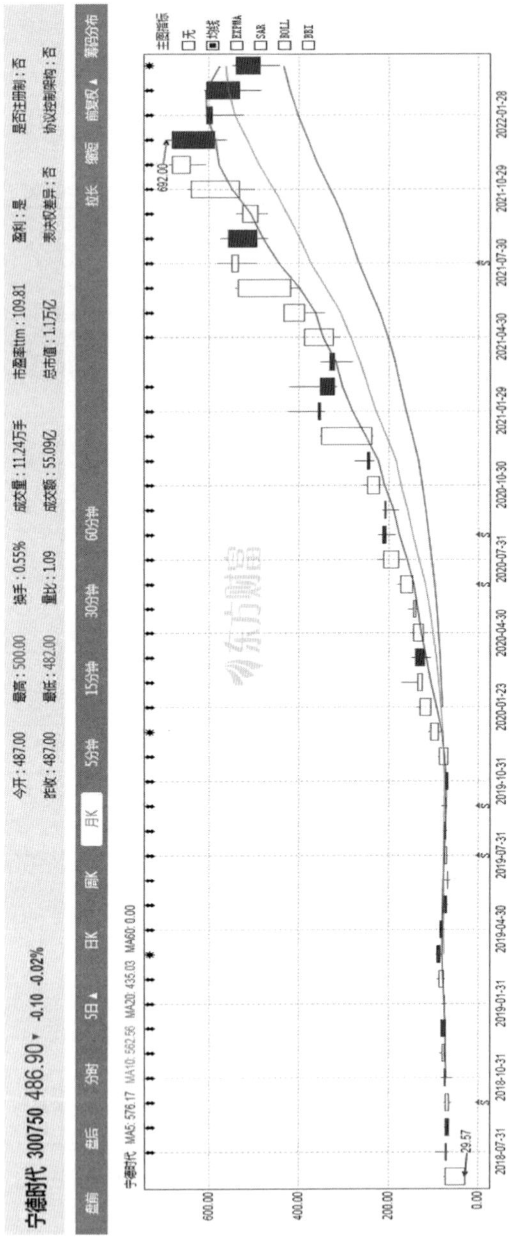

宁德时代 2018 年 7 月至 2022 年 1 月月 K 线

普循环科技有限公司2021年1月7日生产车间发生爆炸起火，造成一起1人死亡、6人伤情较重的严重生产事故，导致其股价在2021年1月、2月连续下跌，但是这件事对宁德时代这样的生产规模和体量的上市公司来说，并不会使其伤筋动骨。随后，该股股价虽然经过黑天鹅事件的冲击，但是很快回到原有的上涨轨道。所以，如果是通过“选股五行法”优选出的潜在优绩股票，在它股价较高时不敢介入，突发的黑天鹅事件反而是中期介入的好时机。

课程小结

本课重点叙述了长线走势交易的投资特点。对如何把握长线投资，如何识别长期顶部、中期顶部和短期顶部进行了详细分析和案例说明。长线趋势投资没有短线和中线投资激进，非常适合普通上班族投资。如果能够选好股，并把握好顶部卖出时机，长线投资的复合增长率也是非常惊人的。股神巴菲特就非常擅长长线投资，只要选好股票他就长线持有，直到这只股票已经不符合他的投资要求，也就是上市公司已经达到成长的天花板，估值达到长期顶部区域。

第十四课

学会“大盘牛熊比”，看大势赚大钱

股市有一句话：看大势赚大钱。什么是大势？大势可能是国家经济趋势、货币信贷政策、市场整体趋势、行业发展趋势、企业发展趋势……涉及面非常广泛。我们从前面的“选股五行法”已经对行业层次、企业层次的基本面趋势进行了讲解。本节课我们重点讲解的是大盘趋势。

大盘就是指主要的股票指数，如上证指数、深证成指。如果能认清大盘的每一次底部和顶部，可以说闭着眼睛买股票都容易赚。比如，上证指数在 2014 年 3 月的 1974 点时，随便买一只绩优股，然后在 2015 年 6 月的 5178 点卖出，都是大赚。甚至我们不用买股票，只买 ETF 指数基金，不管个股涨跌也能轻松获利。那么，决定中国股市每一次大顶和大底的到底是什么力量？如何才能在相对底部区位入场，在相对高位出局？如果能识别底部和顶部这一点，股市就相当于提款机了。任何市场价格的决定因素都取决于供求关系，中国股市的顶部区位和底部区位同样也适用于市场经济价格调节那只无形的手——供求关系。我们可以将中国股市看作一个菜市场，而其中的每只股票就相当于它里面的一种菜，股票就是供方。而进入市场买菜的人就相当于投资者，花钱来买股票，那么社会资金就是求方。所以决定股市上涨和下跌的最关键因素就是社会资金量和股市总市值。只有社会资金量大，进入股市的钱才多，才能推升股市整体市值的上涨。相反，如果社会资金量少，人人手里都缺钱，那么不仅流入股市的钱少，甚至还有人因需要资金而卖出股票来变现。这样就导致了股市总市值的下跌。所以要想看清股市上涨和下跌的大势，首先要搞清楚决定股市走势的两个最基本的因素。

一、A股总市值

A股总市值相当于中国股市的所有股票卖出所需要的资金量总和，相当于供求关系的供方。

这个数字非常好取得，在股票交易系统中打开上证指数和深证成指就可以看到。比如，2022 年 3 月 10 日收盘，打开上证指数，就可以看到今日“沪总市值”是 468539 亿元，这个数字就是当日沪市所有上市公司股票的总市值。同理，打开深证成指，可以看到今日“深总市值”是 336005 亿元，这个数字就是当日深市所有上市公司股票的总市值。

A 股总市值 = 沪总市值 + 深总市值

那么，2022 年 3 月 10 日的 A 股总市值 = 沪总市值 468539+ 深总市值 336005=804544（亿元）。

A 股总市值的概念，就是如果当天把所有的股票按照当天的收盘价都卖掉需要消耗的资金量。比如，2022 年 3 月 10 日卖掉所有 A 股股票需要的资金量是 804544 亿元。而 A 股当天的成交量，沪市 4661 亿元、深市 6126 亿元，两市合计 10787 亿元。成交金额相当于当日总市值的 1.34%。可见要维护市值需要的资金量是非常大的。

二、中国货币供应量

中国的货币供应量相当于社会可运用的所有资金量，

这个数值相当于供求关系的求方。

货币供应量数值由中国人民银行定期按月公布，公布数值有一定滞后性，但这个数据是非常重要的。如果不关注这个数据，那么就很难把握每次大行情的顶和底。

货币供应量是指一国在某一时期内为社会经济运转服务的货币存量，它由包括中央银行在内的金融机构供应的存款货币和现金货币两部分构成。世界各国中央银行货币估计口径不完全一致，但划分的基本依据是一致的，即流动性大小。

货币供应量一般包括流通中的现金（M0）、货币（M1）和准货币（M2）。

M0＝流通中的现金；

M1＝M0＋企业活期存款＋机关团体部队存款＋农村存款＋个人持有的信用卡类存款；

M2＝M1＋城乡居民储蓄存款＋企业存款中具有定期性质的存款＋外币存款＋信托类存款；

M3＝M2＋金融债券＋商业票据＋大额可转让存单等。

货币供应量的作用是中央银行对货币供应量的调控机制，也称中央银行金融宏观调控机制，是指中央银行为控制货币供应量和其他宏观金融变数而掌握的各种货币政策工具，并通过货币政策工具作用于货币政策中介指标，然后通过货币政策中介指标达到其政策目标和各种重任的完整体系。

在货币供应量中，可以看出能够流入股市的资金主要为准货币 M2，也就是流通中的现金 + 企业活期存款 + 机关团体部队存款 + 农村存款 + 个人持有的信用卡类存款 + 城乡居民储蓄存款 + 企业存款中具有定期性质的存款 + 外币存款 + 信托类存款。

M2 的数量级越大，代表社会资金量中可能流入股市市场的资金量越多。比如，2021 年 12 月末货币供应量就高达 2382900 亿元。

中国货币供应量 M2 数值 2008 年 1 月为 417846 亿元，而 2022 年 1 月末已高达 2431000 亿元，14 年时间 M2 数值已经增长了 4.8 倍。而 2022 年 1 月末上证指数为 3361 点，2008 年 1 月上证指数为 4383 点，14 年来指数还下跌了 1022 点，跌幅 23.3%。M2 数值一直涨，股指却不涨，大部分人以为这两者之间没有必然关系。那么我们看一下同期 A 股总市值的变化，2022 年 1 月末 A 股总市值为 839227 亿元，2008 年 1 月末 A 股总市值为 277855 亿元，14 年来总市值增长了 561372 亿元，增长了 2 倍。所以货币供应量增长并不是和股指呈正相关关系，而是和 A 股总市值呈正相关关系。

三、大盘牛熊比

看清社会资金与股市之间的关系，才能够精准把握市场的顶部和底部。为了更好地说明两者的关系，我研究了个指标——大盘牛熊比。

大盘牛熊比 =A 股总市值 / 货币供应量（M2）

用这个指标来寻找大盘每个波段的顶部和底部非常准确，可控误差在一个月左右。虽然这个指标没有和股指的具体点位挂钩，但是它和 A 股总市值直接挂钩，能够更加科学和准确地判断 A 股市场的资金供求关系。从 2012 年以来，我一直用这个指标来成功逃顶或抄底大盘，虽然不可能逃在最高点，也不可能抄底在最低点，但是顶部和底部的相对区域相差也就一个月左右。如果说"吃鱼吃中段"，利用这个指标就能够确保投资股票的中段利润。

指标案例

大盘牛熊比指标判断阶段底部和顶部分析表

月份	货币供应量M2（亿元）	总市值（亿元）	大盘牛熊比	上证指数当月收盘指数	股市顶底
2008-9	452898.71	148163.98	32.71%	2293	
2008-10	453133.32	112067.8	24.73%	1728	阶段底
2008-11	458644.66	122484.24	26.71%	1871	
2009-6	568916.2	201448.06	35.41%	2959	
2009-7	573102.85	235734.8	41.13%	3412	阶段顶
2009-8	576698.95	187095.4	32.44%	2667	
2013-5	1042169.16	247754.75	23.77%	2300	
2013-6	1054403.69	212812.92	20.18%	1979	阶段底
2013-7	1052212.34	218531.83	20.77%	1993	
2015-5	1307357.63	627465.46	47.99%	4611	
2015-6	1333375.36	584573.65	43.84%	4277	阶段顶
2015-7	1353210.92	504845.64	37.31%	3663	
2015-12	1392278.11	531304.2	38.16%	3539	
2016-1	1416319.55	403800.29	28.51%	2737	阶段底
2016-2	1424618.68	397027.45	27.87%	2687	
2017-12	1690235.31	567086.08	33.55%	3307	
2018-1	1720814.46	585573.1	34.03%	3480	阶段顶
2018-2	1729070.12	561646.01	32.48%	3259	
2018-12	1826744.22	434924.04	23.81%	2493	
2019-1	1865900	448885.74	24.06%	2584	阶段底

续表

月份	货币供应量M2（亿元）	总市值（亿元）	大盘牛熊比	上证指数当月收盘指数	股市顶底
2019-2	1867400	524862.13	28.11%	2940	
2021-11	2356000	897565	38.10%	3563	
2021-12	2382900	916088	38.44%	3639	阶段顶
2022-1	2431000	839227	34.52%	3361	

上表记录了 2008 年以来上证指数通过大盘牛熊比这个指标来精确判断大盘在每个阶段的阶段底部和顶部。从上表可以看出，当大盘牛熊比超过或接近 40% 时，意味着 A 股的总市值已经接近中国货币供应量近 40% 的资金了。这也说明社会资金能够流入股市的资金接近枯竭，同时也说明 A 股市值太高了，社会资金无法承受如此高价的股票，这个时候大盘往往就是通过下跌的方式来挤压市值泡沫。同样，当大盘牛熊比指标接近 25% 时，说明 A 股市值只占到中国货币供应量 M2 的 25% 左右，社会上还有大量资金没有进入股市。也说明 A 股的整体估值较低，有较多的场外资金可以进入抄底。

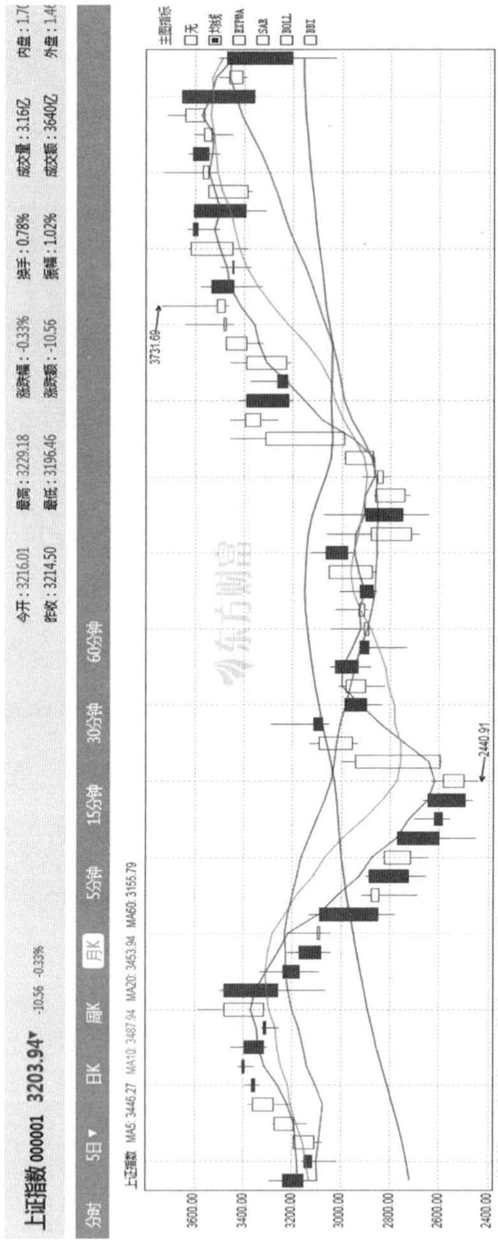

上证指数 2017 年 5 月至 2022 年 1 月月 K 线

具体运用：投资者要每个月计算大盘牛熊比这个指标，一旦这个指标接近40%左右，且下月指标低于上月时，意味着牛市终结，大盘进入熊市调整周期。相反，这个指标接近20%左右时，如果下月该指标高于上月，意味着熊市结束，大盘即将进入牛市主升浪。比如，2015年5月大盘牛熊比值已经高达47.99%，说明大盘顶部迹象明显。而2015年6月大盘牛熊比值降低为43.84%，比上月下降，确定熊市到来，这个阶段投资者就要卖出股票防止资金损失。2018年12月大盘牛熊比值为23.81%，已经处于阶段低点，2019年1月该指标上升为24.06%，确认底部成立，大盘转为牛市上涨行情。

当然目前在北向资金和外资大量快进快出流动，国际各种做空A股工具诞生，同时A股股票总市值越来越庞大的情况下，该指标的准确性相比原来相对封闭的市场有所减弱。但在现阶段它还是一项非常好的牛熊预测指标。比如，2021年12月该指标已经高达38.44%，2022年1月下降为34.52%出现指标拐点，随后大盘也出现了熊市调整行情。虽然大盘指数涨得不多，但是目前A股市值增长过大，而国内货币供应量相对有限，这也就导致指数上涨并没有前几年那种突飞猛进，但该指标已经达到高位，大盘缺乏场外资金支撑，导致还没出现暴涨就下跌的走势。按照大盘牛熊比的安全边际 25% 左右计算和预计货币供应量的持续增长，上证指数本轮调整的极限位置在 2700 点左右。

在目前 A 股总体市值过于庞大，未来资金推动型的大牛市越来越少的情况下，投资者要更加注重用“选股五行法”优先选择长线投资的上市公司，再配合“大盘牛熊比”这个指标，就可以看清大势赚大钱。

课程小结

看大势赚大钱，投资者不能只关注个股和大盘指标，而应该从中国经济全局的角度来看市场的发展。股市是市场经济的晴雨表，而货币供应量则是决定市场资金的关键点。学会利用大盘牛熊比这个指标，能够帮助投资者看清中国股票市场的供求关系，踩中市场牛熊转换的关键顶部和底部，才能够顺势而为，看清大势获取更多投资利润。

第十五课

耳听八方眼观六路，蝴蝶效应稳增利

消息面是影响投资者决策的重要依据，市场中总充满着各种好消息、坏消息和不知道好坏的消息。对于短线投资者而言，利用好各种消息所产生的蝴蝶效应，就能更好地保证投资利润。

“雾里看花水中望月，你能分辨这变幻莫测的世界？……借我借我一双慧眼吧，让我把这纷扰看个清清楚楚明明白白真真切切！”

这首歌虽然不是说股市投资的，但投资人就是需要一双眼观六路的慧眼和一对耳听八方的耳朵。只有时刻关注国内、国际的政治、经济变化信息，才能够逐渐练就一双通过洞察市场、预判未来的火眼金睛。我们知道一些电影为了抬高观众观影评价，会花钱雇用水军来打分。然而现在各种网络水军都有，最可恨的莫过于股吧里的水军，经常会冒充专业人士一本正经地将本来的好消息解读为坏消息，把有投资价值的股票解读为垃圾股。所以投资者要想明辨是非，就必须通过不断地自我学习、自我总结，才能够做出正确的判断。投资股票就是一个决策判断的过程，只要你每次都能够判断准确，那么投资必定十有八九都盈利。

一、不可信，小道消息 = 坏消息

1. 内幕消息推荐肯定要涨的股票不能信

很多投资者迷信小道消息，只要听到一些所谓的“内幕消息”——某某股票马上要涨，绝对可靠，就冲动跟风买进，想一夜暴富。投资是要讲逻辑的，如果你不知道这只股票为什么涨，糊里糊涂买进，就算真涨了，一是不知道其股价多少钱合理，二是不知道涨多少就该卖。到头来可能是小涨大跌的结果，更何况很多消息都是一些机构想减持恶意放出来的假消息，投资者很可能一买进就面临着深度套牢的风险。盲目跟风的另一恶果是，破坏了你原有的通过自己不断研究和设计的投资布局。草率相信消息的结果，往往是捡了芝麻丢了西瓜，得不偿失。

2. 不管承诺多高收益的私募代投资股票都不参与

一些投资者自己投资股票赔钱，急于翻本，便在网上私募代投资股票。许诺高额收益，然后双方签订托管协议，用你的资金来投资，赚钱了就把收益分红给他20%左右。看似账户是你自己的，他来投资，风险可控，实际这类人可能和几十个人都签这种协议，几十个账户总会有赚了的，赚了他白得分红，反正亏了和他没关系。所以他代投资股票的账户越多，无风险收益就越大。真正有实力的投资者，用自己的资金就能赚钱，何必冒这种风险替别人去投资。

3. 网上非正规消息不能听

对个股股价一人有一个看法这很正常，但是在一些股吧里，有一些人专门散发谣言，不是今天要大涨，就是马上要腰斩，往往还会罗列一些看似有道理、有数据的论据。如果投资者没有定力、没有自我判断力，那么肯定会被这些消息影响投资判断。投资者有上网胡乱看消息的时间，不如认真学习一下投资基本功，复盘一下自己股票的走势更有用。

二、认真听，应该关注的消息渠道

1. 机构推荐的金股要多看少动

每年甚至每季度，机构投资者都会推荐所谓的年度金股，但一般都是价值已经被挖掘得差不多的白马股。这类股票虽然业绩增长稳定，但是股价也已经不低了。机构投资者是不会把自己最新研究准备建仓的股票推荐为金股的。他们推荐的一般都是自己股票池中已经获利不菲的股票。其推荐目的一般是吸引投资者跟进买入抬高股价，这样会减少机构的资金投入，机构省下的钱可以做其他潜力股。这样的机构还算是有职业操守的。还有一些机构专门在股价已经创历史新高时才推荐，投资者跟风买入的结果往往是被套牢在山顶，其结果是帮助机构顺利出货。所以在自己没有调研能力的情况下，如果机构推荐的股票，正好也是投资者自己通过“选股五行法”已经建仓的股票，可以认真研究机构的投资报告，从中确定自己的判断逻辑是否和机构一致。特别是对近几年该上市企业的市场份额和利润增长预测，通过各种渠道信息来佐证上市公司的预测信息，从而为自己的投资方向做出独立判断。

2. 挖掘 A 股、H 股、B 股和美股关联收益

在全球经济一体化的情况下，无论是 A 股、H 股、B 股，还是美股各个股票市场的价格估值体系越来越相近。但是不同市场的风险偏好不同，股价还是有比较大的区别。特别是同一家公司在不同股票市场上市，有的股价相差能达到一两倍，所以研究不同股票市场对同一只股票的估值，能更好地认清股票的真实价值。

就拿 A 股和 H 股来说，如有的 H 股的价格远远低于 A 股的价格，这种情况往往说明国际投资者并不太看好这只股票的成长性，因此 H 股的价格非常低。这种情况下，由于 H 股的价格特别低，那么 A 股的上升空间就非常有限。如果你想买这家公司的股票，那么建议买 H 股，因为它的价格更低。也有个别股票是 A 股的价格比 H 股低，这种情况说明国际投资者更看好这只股票，所以国内投资者应该对这只股票的 A 股的价值上升空间更有信心。从长期来看，A 股和 H 股的价差应该是逐渐缩小的趋势，因为中国股市和香港股市的资金流动是会越来越频繁的，流通渠道也是越来越宽广的。作为同一家上市公司所发行的 A 股和 H 股，其股价的差别应该是呈缩小

的趋势。从长期投资来看，如果买进这只股票是为了分享股票成长的红利，那么他所得的红利是一样的，这样的话买便宜的股票相对分红会更高。而 H 股价格比 A 股便宜的主要原因是 H 股的流动性比 A 股要差。因为香港国际金融中心的地位，在逐渐被上海和深圳所取代，所以在香港上市的股价一般都比在国内偏低。

同样，还有一些上市公司在美国上市，这类公司在美国面临的政策性风险要更大。中美关系的不确定性，导致在美国上市的公司面临较大的制裁风险。特别是近年来，中概股在美国经过热炒后，目前由于中美关系的恶化而大幅下挫，甚至有些公司面临在美股退市的风险，或有些股价直接跌成个位数。但这种恐慌行情下，并不是这家上市公司经营或者成长公司空间发生的问题。因此，在股价大幅下跌后还是有投资价值的，特别是一些科技创新类的网络公司，它们的市场占有率和盈利能力并没有因为股价的下跌而缩水，所以这些股票还是值得长期来跟踪的。特别是一些既有 H 股又有美股的上市公司，投资者可以把握其在美股暴跌的机会，然后在 H 股寻找机会，逢低买入。对一些国际化的上市公司投资者，不能只看 A 股的股价涨跌情况，更要关注其相关股票市场价格的变动情况，这样才能够把握全球股票市场对企业估值的影响，才能够更好地把握上市公司的投资价值和投资机会。

3. 多听官方的宏观经济方面的新闻

在这个信息爆棚的时代，国际国内政治和经济的一些变化，都可能会对股票市场产生较大的影响。比如，美国的通胀数据、就业数据、加息预期数据，以及中国的货币供应量数据、通货膨胀数据、行业销售数据、大宗商品价格变化数据、上市公司销售盈利数据，还有一些其他国家或者地区的政治冲突、军事冲突等重大的国际事件，都可能会影响到资本市场的发展与变化。投资者要经常通过官方消息来关注这些重大事项，为我们的投资决策提供一些数据依据。非洲的一只蝴蝶扇了扇翅膀，可能就会影响到亚洲股票市场的变化情况。最明显的就是美股加息、通胀等数据的公布，往往会影响到全球各大股市的变化。甚至一些全球领先的科技公司发布一些新的产品，都可能会影响行业格局的变化，导致某些行业的股票股价大幅度地变化。

我们关注一些国际国内消息，首先应关注的是宏观经济方面的变化，其次是行业方面的变化，最后是上市公司的一些具体消息的变化。这样，从大到中、到小，一层层地去分析一条消息，根据整个国家、整个行业或者上市公司的影响来确定对个股资本市场的影响。只有国家的经济走向健康，个别企业才能够发展壮大，我们的投资回报才能够得到稳定的提高。而像 2022 年的俄乌事件，俄乌战争短期内对两个国家的股票市场的打击都是毁灭性的，对于深陷其中的投资者亏损肯定是不可避免的。

所以说“君子不立于危墙之下”，资本也是这样的。哪里安全、哪里有收益，资本就愿意流向哪里。而资本集中流向的地方，它的估值就会很高。相反，资本都外逃的地区，它的估值肯定就会下跌。所以巴菲特说，“在别人恐惧的时候我贪婪，在别人贪婪的时候我恐惧”，这就是一种人性的反向操作。在资本争相外逃的时候，股价一路大跌，这个时候我们就要找准最低点，然后分阶段买入。而在政策稳定后大家都看到它的发展前景时争相买入，股价也水涨船高，甚至翻了几倍。这个时候，我们就应该清醒地认识到，既然大家都在争抢，那么这个价格就可能是顶部阶段了，就应该逐步减仓，降低风险。

三、仔细看，复盘 K 线指标

K 线指标是一只股票或者大盘历史数据的记录。目前分析 K 线的指标有很多种，但有两项指标是不会骗人的，那就是成交量和股价的变化。成交量越大，说明买入的资金越多；成交量越小，说明关注的人越少。股价上涨的根本推手是成交量的上涨，而股价下跌的根本原因是没有资金进场买入个股，导致股价不断下移。所以我们分析个股或者大盘的走势，最关键的就是要关注它的量价的配合。量价配合是最真实的写照，而其他指标呢，都是对量价配合的不同角度的反映。目前关于 K 线的分析指标有几十种，大家可以参照 MACD 指标、KDG 指标和布林线指标。每个指标在交易系统中都有它的具体说明，我们要经常关注，特别是配合量价指标的分析，然后我们就可以对短期的走势做出一个判断。这种判断主要对基于短线操作适用。从中长线投资来看，还是要关注个股基本面的变化、大盘基本面的变化，以及整个市场基金的资金量和市值的变化。

做短线的投资者要对持有股票长期进行跟踪，复盘你所持有的股票，对你今日或者近期的买卖进行经常性总结分析，不断增加对短线买卖点的把握。这样，才能够提高你的短线操作成功率。每天要对第二天个股预期的走势进行预判，并做出相应的操作预案。因为个股的股价变化是非常迅速的，只有做好预案，才能马上进入股票的价格委托买卖，才能更好地把握住短线获利的机会。

课程小结

在这个消息大爆炸的时代，作为个人投资者，要从正确的渠道取得有参考价值的消息，要多学习、多分析，才能形成个人投资正确的投资策略。下表是我总结出来的一些主要信息来源的分析和判断，仅供参考。

信息决策分析分类表

信息类型	信息来源	参考价值	执行策略	关注频率
上市公司内幕消息	个人或不明网络消息	非官方来源多为假消息或非法消息	不信	不关注
私募代理投资股票	个人或网络消息	风险很大	不信	不关注
主流财经网站、股吧等网络个股分析	网络不明用户	理性对待，独立判断	参考	对于自己关注或持仓股的，根据不同分析人的前期分析准确度进行分类关注

续表

信息类型	信息来源	参考价值	执行策略	关注频率
主流机构荐股分析报告	机构公开发布的投资策略报告	可做参考，独立判断，一般提示风险的要多关注，推荐增持的要小心对待	参考	对于自己关注或持仓股的，理性对待，不盲目跟风
宏观经济、行业发展类分析报告	银行、券商、主流财经网站	参考价值较大	研究	养成定期关注和学习的习惯
H股、美股、大宗商品等全球资本市场走势	交易系统	参考价值较大	研究	养成每日关注的习惯，随时可能影响A股走势
持有个股信息及走势K线图表	交易系统	参考价值较大	研究	短线投资要时刻关注、每日复盘，中长线投资要每周关注
主流新闻媒体	新闻联播、经济之声、人民银行网站等	参考价值较大	重大事项要重点分析	养成每天关注新闻的习惯

第十六课

富贵险中求，合理运用投资杠杆

我曾将 36 万元投资增长到 50 万元，这个阶段是非常困难的，因为资金少，投资的效率就低，同时也受限于利用投资杠杆来放大投资收益。当资产稳定达到 50 万元水平后，我使用了融资融券的杠杆交易，使得投资收益得到较快速度提升。

什么是杠杆交易？实际就是用你现有的资产来融得资金或资产，追加到投资中，放大你的投资金额。合理运用杠杆原理，有助于企业和个人加速发展，提高效率。但也存在着无法到期偿还的风险，这里杠杆也就是负债，杠杆率即为负债率。一般国内证券市场用得最多的杠杆类产品就是融资融券交易。目前国内融资融券的门槛是个人平均资产 20 个交易日之内达到 50 万元就可以申请开通券商的融资融券业务。一般券商的融资融券利率在 7% 左右，和银行贷款计算一样，100 万元贷款使用一年除了归还本金 100 万元，还要支付 7 万元的利息。融资融券的使用额度是按照融资融券账户每天收盘后的实际使用来计算的。如果当天融资或融券，当天还清，当日结算时就没有融资带着余额，也意味着不会产生利息费用。融资融券是两种不同的业务，我们如何合理运用呢？

一、合理利用融资交易实际 T+0 的免息收益

融资交易实际上相当于把你的股票类资产或现金质押上融出来的资金用于购买股票。这是一种做多行为，只有融资买入的股票价格上涨，卖出归还融资后才能赚钱。如果融资买入的股票下跌了卖出，就意味着赔钱。在有融资的情况下，只要卖出股票，变现的金额优先归还融资。如果日内融资没有卖出，产生了融资余额，那么当天就要产生融资费用。如果当天融资买入股票，当天卖出股票，就不会产生融资费用。100 万元融资一天，融资费率按 7% 的利率计算，一天是 194 元左右，一个月的费用是 5833 元左右。如果遇到节假日不交易，账户有融资余额，利息照收不误。所以养成当天融资、当天

归还的融资习惯，是比较安全和省钱的方法。我们也建议投资者除非遇到大牛市，否则一定不要经常满仓融资操作，一旦股票来一个跌停，没融资的账户亏损是10%，如果1:1融资的亏损就是20%，相当危险。因为再牛的股票也会出现大跌的情况，融资使用一定要以"安全第一"为要点，吃口利润就走，切莫贪婪。

从上面的分析可以看出，融资交易最适合的方式就是第十一课所讲的"高抛低吸，用短线高频交易获得超额滚动利润"。我们短线交易里面上升波段行情中一般保持50%的仓位。如果利用融资交易，就可以将融资的部分作为自己的现金仓位，而自有资金可以满仓持有，这就相当于放大了一倍的杠杆。每天在盘中找低点拿融资资金买进，然后找高点再把融资买进的股票卖出去。这样不仅可以实现零成本地使用杠杆，还可以放大投资收益额度。融资交易也和前面的短线交易一样，必须执行钢铁般的纪律。明确是短线投资的，绝对不能因为短线套牢而变成拿长线，在每日收盘前一定要把融资部分卖出还上。如果错过了当日的卖出时间，也一定要在第二天归还，这样的话才能够实现资金的灵活使用。即便短线被套牢也要及时赔钱卖出，绝不能将高成本的短线资金因为操作失误而变成长线使用。同时要配合第十四课所讲的“大盘牛熊比”指标来控制融资数量，建议“大盘牛熊比”指标低于30%时可以使用融资杠杆，“大盘牛熊比”指标高于35%时要谨慎使用和归还融资杠杆。

使用融资交易一定要慎之又慎。如果在没有融资的前提下，都无法实现短线投资80%的成功率，就不要贸然开通融资融券业务。融资融券是把双刃剑，水平高的利润翻倍增长，水平低的越用亏损越大，甚至一次投资失误就可能引发倾家荡产。

二、融券交易，逆水行舟的高手工具

融券交易实际上是一个做空工具，其获利方式是借入预计会下跌的股票高价卖出，等股价下跌后低价买入股票归还高价卖出的借入股票的获利方式。如果能够判断短期这只股票价格还会继续大跌，那么投资者可以融入股票进行卖出，等股票下跌后，买入股票归还融入的股票。在下跌行情中，融券交易可以实现逆行收益，股价跌得越厉害，融券的收益就越大。在目前国内证券市场还是以股价上涨来投资收益的主流环境中，融券业务发展得并不好。一是管理层并不想让投资者大规模做空市场，损坏市场整体估值；二是现在主要的券商可融券的品种和数量都非常少。投资者往往发现目标想融券做空时，券商那里却根本没有可融入的股票标的。

随着中国资本市场的逐渐成熟，融券业未来的空间可能很大，如果能够准确判断一只股票短、中、长期顶部时，合理利用融券业务，可能实现股价大跌时同样实现超额收益。当然融券业务的风险比融资业务风险更大。如果融资业务都做不好，融券业务就不要碰了，毕竟做不好可能会因为一笔交易导致投资者倾家荡产。融券业务相当于期货的做空。2022 年 3 月 8 日，清山控股做空金属镍，被国际炒家爆拉镍期货价格，导致其差点巨亏爆仓；2020 年 5 月的原油宝事件，也是由于判断错误原油价格方向，导致巨亏而爆仓。任何有杠杆的投资，都会存在超额风险。只有严格执行交易纪律，才能避免将风险无限放大。

融资、融券交易特点对比

对比项目	融资业务	融券业务
利率	年利率 7% 左右（不同券商或资金量大小有差异）	
定义	用证券或是资金作为质押，向证券公司借资金，用来买入证券，然后在约定的时间内偿还本金和利息。向证券公司融资买进证券的这个行为，就是“做多”	用证券或是资金作为质押，向证券公司借证券然后卖出，在约定的时间内，买入相同数量和品种的证券归还证券公司同时支付一定的费用。向证券公司融券卖出的这个行为也叫“做空”

续表

对比项目	融资业务	融券业务
期限	单笔融资或融券交易的合约期限一般为 180 天。到期前可以提前申请展期	
获利方式	只有融资买入的股票价格上涨卖出归还融资后才能赚钱，如果融资买入的股票下跌了卖出，就意味着赔钱	借入预计会下跌的股票高价卖出，等股价下跌后低价买入股票归还高价卖出的借入股票的获利方式
获利计算	利润 =（卖出股票价格 – 融资买入股票价格）× 股票数量 – 交易手续费 – 融资费用	利润 =（融入股票卖出价格 – 买入归还股票价格）× 股票数量 – 交易手续费 – 融资费用
操作方式	（1）提前将担保证券或现金转入融资融券账户；（2）申请融资融券信用额度；（3）融入奖金买入股票；（4）等该股票上涨后卖出股票归还融资和利息，剩余资金为盈利	（1）提前将担保证券或现金转入融资融券账户；（2）申请融资融券信用额度；（3）融入预计股价会下跌的股票并卖出；（4）等该股票下跌后买入股票归还融入股票和利息，剩余资金为盈利
零成木T+0 交易方式	当天开盘前已有计划融资买入的股票，在低位融资买入少于已持有该股票数量的股票，等当天股价上涨后卖出与融资买入数量一样的股票。这样当天无融资余额，不计收融资手续费	在计划融券的股票价格高位时融券卖出该股票，等当天股价下跌后买入数量一样的股票归还融券。这样当天无融券余额，不计收融券手续费
适用股票范围	交易所认定为可融资范围的股票或基金。一般可融资交易的股票数量较多	交易所认定范围内的股票且券商有相应融券额度的。一般可融券的标的品种和额度都比较少，每个券商不一样

续表

对比项目	融资业务	融券业务
推荐使用时点	短线交易或大盘牛熊比指标在 30% 以下相对安全	短线交易或大盘牛熊比指标在 38% 以上相对安全
适用人群	有丰富交易经验和心理承受能力，个股短线操作获利成功率在 80% 以上	

课程小结

“富贵险中求”的重点是，投资者有没有能力把控其投资风险，有没有看清投资方向和具备丰富的投资经验。就像开车一样，车速永远要控制在自己可控的范围内，才能够确保行车安全。杠杆投资的前提是，你已经能够战胜市场的平均收益率，每次投资的成功率高于 80%。这时，才建议投资者利用杠杆交易来放大投资收益率。如果是因为投资赔钱赔多了，想利用投资杠杆孤注一掷来追求“一夜暴富”，那么结果必然是“一夜赔光”。作为一个成熟的投资者，只有充分掌握了前面课程的内容，并能够在市场上应用得游刃有余，才建议你开通融资融券功能。切记！

第十七课

利润转移是保住收益的制胜法宝

赚钱容易守钱难，基本上股市投资者都会遇到这种问题。投资一只股票涨涨跌跌，赚钱又赔钱，财富几起几落、坐了电梯。如何才能将财富变成稳定的收益，是一门学问。本节课就是要告诉大家如何保存利润，让收益变成滚动的雪球，越滚越大。虽然我们将股票投资看成是对上市公司成长价值的投资，但是只要有高收益的存在就会有市场博弈的存在。一般情况下，普通投资者在资金量少的时候，能够通过“选股五行法”选出一只股票重仓投资，追求高额利润；在重仓股产生翻倍利润时，就要逐步压缩 50% 的利润转移到其他潜力品种上。

一、投资股票要善于利润大挪移

通过“选股五行法”选出股票，不管短、中、长线交易方式，其跟踪周期是基本相通的，都是要在其成长期获得超额利润。短线和中线交易是为了增加波段收益，而非咬一口利润就走。当一只股票投资收益翻倍时，就应该准备转移部分投资收益在其他投资项目上。巴菲特经常手中持有近三成的现金，准备时刻寻找机会投资其他优质的上市公司。例如，当他持中国石油这只股时，等待中国石油在高点卖出后，并没有寻找低点继续买入。他卖出的原因就是中国石油已经完成了投资价值。

对短、中线投资成功率高的投资者，初始投资 1 万股 10 元价格的股票，通过高抛低吸不断滚雪球似的增加投资收益，投资收益翻倍的结果是股票价格和股票数量同步增长。股票价格上涨至 18 元时，持股数量可能达到 1.2 万股。这个时候的投资利润就是 11.6 万元。投资者可以卖出一半股票，把这部分利润转移到其他还在底部阶段的投资项目上，避免同一只股票下跌带来的利润损失。因为每只股票下跌都比上涨容易，一只 10 元的股票下跌 50% 到 5 元，而从 5 元再上涨回 10 元就需要上涨

100% 的幅度。大涨过的股票每次回调的幅度都可能比较大，及时转移利润可以确保到手的鸭子不要飞了。

二、比较适合利润转移的投资组合

利润转移投资组合建议表

组合类型	主仓（符合“选股五行法”）	利润转移副仓（可以是多只）	现金	操作要点
行业对冲风险型	周期性行业占四成仓位	非周期性行业占三成仓位	三成	主仓利润超 100% 后将一半利润分散到不同周期行业，防止行业整体风险
多只“选股五行法”转移型	首只“选股五行法”优选出股票占四成仓位	后挖掘出的符合“选股五行法”股票占三成仓位	三成	主仓利润超 100% 后将一半利润分散到后挖掘出的符合“选股五行法”股票
多市场混合型	人民币股票占四成仓位	H 股和 B 股占三成仓位	三成	主仓利润超 100% 后将一半利润分散到 H 股或 B 股优质公司，利用 H 股和 B 股超低的价格来保存胜利果实
产业链组合	成品制造商占四成仓位	上游资源供应商占三成仓位	三成	产业链关联度虽然高，但是上游资源往往会制约下游的利润，更好地把握相关投资的风险

行业对冲风险型组合：鸡蛋不要放在一个篮子里面，股票也是。如果你把利润提出来以后，最好不要放在同一个行业，而是选一个与本行业相关度不大的。在消费行业赚的钱，可以放到相对无关的能源类、资源类行业。如果利润来自周期性行业，可以把利润转移到非周期性行业。因为两个行业运行规律不同，不会一荣俱荣、一损俱损。

多只“选股五行法”转移型组合：“选股五行法”选出的股票投资获利后，如果有后续跟进的其他行业的利用“选股五行法”选出的一只或多只优质股票，可以作为利润存储仓，将超额的利润逐步转移到新的“五行优选股”中，形成利润双头或多头的良性增长局面。股神巴菲特第一重仓股是苹果，而其重仓股中手机制造上市公司只有这一家，他选择的其他重仓股都是不同行业的。比如，生产饮料的可口可乐、金融行业的美国银行、汽车行业的比亚迪、能源行业的雪佛龙、通信行业的 Verizon 通信等。投资者可以向巴菲特学习，逐步将投资利润转化为一个有长期投资价值的股票池，来更好地避免行业风险，并保持利润长期增长。

多市场混合型组合：在全球经济一体化的今天，不同投资市场的估值也有很多差异，就目前而言，与 A 股市场关联度较高的B股或者H股是非常好进入的。由于计价方式不同，B股是美元计价、H股是港币计价。同时，由于B股市场和港股的流动性弱，同一上市公司往往其B股或H股股价要远低于A股，作为转移利润的长期投资，B股和H股的超低价格往往具有更低的投资成本。比如，在2020年我投资比亚迪股票时，发现其H股股价大幅低于A股，买进后股价大涨。结果其H股2020年涨幅是462%，A股涨幅是309%。只要是优质上市公司，不管其股票在哪个市场，最终其估值都将趋同。

产业链投资组合：对于喜欢深挖行业利润的投资者，对行业上下游供应链是比较熟悉的，在产业链进行利润转移也是不错的选择。比如，煤炭和电力有反向关系，煤炭价格上涨时，电力成本增长，利润可能会下降；而煤炭价格下跌时，其供货的电力企业收益就会明显增长。新能源产业也是，上游的钴、镍价格上涨，相关上市公司股价也水涨船高；而下游的电池制造商利润就被挤压，造成利润缩水。这时候卖出上游利润大增的供应商股票，配置一部分利润下降的价格在低位的电池企业股票，就可以对冲将来钴、镍价格下跌的风险。因为原材料价格下跌对下游生产企业来说，成本大幅降低，利润会快速增长。

课程小结

学会投资股票赚钱不容易，而学会赚钱后如何保证利润不坐电梯更难。合理地利用投资组合，将利润进行科学转移，就会防止利润被来回折腾变化的股价所消耗掉。操作一只股票容易，操作一个投资组合就需要更加丰富的经验和充沛的精力。俗话说“不要把鸡蛋放在一个篮子里”，但是篮子太多，我们可能顾此失彼，更容易失误。因此，对于普通投资者，建议：资金量小时，要集中火力，以利润最大化为目标；而当投资利润越来越多，资金量越来越大时，就要在投资组合上多动脑筋，一旦投资组合设定好，就不要随意变化仓位，确保每个投资品的仓位分散风险保护利润。利润转移后，即使被转的品种涨得再好，也不能去吃回头草。没有只涨不跌的股票，转移利润就是在保证利润安全性的同时，寻找新的利润增长点，而不是把利润吊死在一棵树（股票）上。

第十八课

中国股市的未来必定灿烂

凡事预则立，不预则废。既然进入中国股票市场，就要对市场发展的大方向有所判断。拿上证指数来看，市场历史最高点为 2007 年的 6124 点，次高点为 2015 年 6 月的 5178 点。而随后在 2021 年 2 月才见到 3731 点，后面还有 2021 年 9 月和 12 月也曾短暂冲击过 3700 点上方。A 股为何如此滞涨？美股道琼斯指数 2008 年金融危机后，从 2009 年开盘的 8772 点上涨到 2021 年末的 36338 点，增涨了 3.14 倍；同期，上证指数从 2009 年开盘的 1849 点上涨到 2021 年年末的 3639 点，涨幅为 96.8%。中国股市的涨幅远低于美股，这是为什么呢？

一是服务范围和定位不同。美股是全球化的资本市场，市场对全球开放，几乎集中了全球最优秀的上市公司，而中国股市目前只对国内上市公司。这就好比美股是全球连锁超市，在这个市场可以买到各个国家的上市公司股票，而中国股市是地方的“土特产店”，只能买到当地的上市公司股票。

二是股票监管水平不同。美股的淘汰制度严格，每年上市公司数量多，退市数量也多，这样就保证了上市公司的质量。A 股难进难出，虽然目前也强化了退市制度，但真正退市的数量还很少。

三是开放程度不同。美股在全球各地都可以申请开户，资金流向门槛很低。而 A 股市场主要向中国投资者开放，外国投资者并不能自由开户，需要通过境外合格投资者审批，并有投资额度限制。

四是交易品种不同。美股有上百年的历史，市场做空和做多的衍生品交易品种很多。投资者只要看对方向，股指、股票上涨和下跌都能够赚钱。A 股对股指期货限制条件较多，股指期货交易量在 2015 年后大幅下降，市场基本只能靠做多才有赚钱效应。

五是交易资金来源不同。美股交易币种为美元，美元作为全球主要流通和储备货币之一，货币发行量非常大，各国投资者都可以通过兑换美元来投资美股。而大量的美元发行量是推高美股上涨的主要推手。A 股投资的币种是人民币，虽然人民币正在走向国际化，但是全球贸易以人民币结算的交易量市场占比还不足5%，这就导致人民币的流通数量和发行量相比美元要少得多。人民币的发行数量目前主要考虑的是国内通货膨胀水平和确保币值稳定。这也就导致流向A股的人民币流量有限，缺乏像美股那样能够吸引全球的美元投资，股指也就不可能像美股那样疯狂上涨。

这样一比较，好像A股完全没有美股的投资价值。其实，A股相比美股也有很多优势。

一是A股比美股政治环境好。一个市场能否长远发展，离不开其背后的国家。中国是一个倡导全球和平发展、力图打造人类命运共同体的国家，并没有因为资源和政治等问题主动发动战争或侵略别国。而美国是一个特别好斗的国家，有数据显示，其建国以来，打了130多场战争。近年来，中国在相对和平环境下，综合实力快速增长，而美国却在各种地区争端中略显疲态。

二是支撑A股的经济增长速度比美股健康。2021年，我国GDP达到了114.4万亿元，轻松突破110万亿元大关。较上一年相比，我国GDP增长了8.1%，两年平均增长率为5.1%。同期美国GDP达到了约23.02万亿美元，约合人民币145.5万亿元，而GDP增长率约为5.6%。中国GPD已经占美国的78.6%，这是历史从未有过的高度，稳坐世界第二经济体的位置。同时，中国在基础建设、进出口量、500强公司数量等方面都超越了美国，中国已经成为全球资本最安全的投资地区。

三是A股有更大的开放空间。随着人民币国际化的不断深入，中国资本市场也将逐步加大对外开放的力度。美国的美元霸权地位在俄乌战争后也将面临动摇，而以人民币计价的中国股市将逐步替代美股的避险投资功能。

随着中国经济的持续增长、人民币国际化的逐步扩大，作为中国经济的晴雨表，中国股市的未来必定是灿烂的。特别是未来5年，A股的投资空间还是比较大的。

从和美股市值对比角度来分析，从2021年年末来看，A股总市值91.6万亿元，占中国GDP的80%，而美股总市值近50万亿美元，是美国GDP的两倍还多。预计5年后中国GDP将与美国接近，而中国A股总市值目前不足美股的1/3，中国作为世界上经济增长最快的经济体，A股目前的市值肯定是偏低的。如果未来5年中国经济能够追上美国GDP，那么A股市值起码能达到美股市值的一半，按2021年年末静态数计算，A股市值有望达到158万亿元，而对应上证指数为6276点，上升空间巨大。

从中国货币供应量角度来分析，2021 年中国货币供应量 M2 为 238.3 万亿元，按每年增长 10% 计算（人民币国际化需求，未来 5 年加大货币发行量），5 年后中国货币供应量 M2 为 383.6 万亿元，是 2021 年年底的 1.6 倍，对应上证指数应为 5858 点。

综合上述两种预测方法，预计 5 年内 A 股极有可能突破 2015 年的 5178 点，甚至突破 2007 年的 6124 点。如果从高低区间来计算，我认为，A 股 5 年内的低点在 2700 点附近，高点在 6067 点附近。以上预测是在上市公司总数量不过分增长的前提下，因为上市公司数量过快过多增长肯定要稀释原有资本市场的资金，导致股指计算失真。

课程小结

未来 5 年将是中国股市的黄金 5 年，在相对货币贬值、房价保持稳定的情况下，中国股市是能够抵抗通货膨胀和帮助投资者享受经济增长红利的。当然大盘上涨并不代表所有的股票都上涨、所有的投资者都赚钱。如果您想成为股市赢家，实现财富增长，那么本书或许是您走向成功的敲门砖。

后 记

本书通过18节课，较为全面地阐述了如何培养自己成为理性的投资者，揭秘了股价上涨的逻辑。其内容重点讲解了如何通过“选股五行法”来挖掘适合自己投资的股票，并采取适合不同投资者的短线、中线和长线投资战略。通过自创的大盘牛熊比指标，教会投资者如何看清大势赚大钱。同时，对如何看清繁杂的市场信息、如何利用融资融券创造超额利润、如何保证已经获取的投资利润不被市场再次清洗掉等方面进行讲解。

以上内容都是我长期投资于中国股票市场的一些自我总结。股市有风险，投资需谨慎。希望这本书能够给投资者带来一定的帮助，并且祝愿中国证券市场越来越成熟，为中国经济和人民创造更多的财富和价值。